汉语史专书语法研究丛书
编辑委员会

汉语史专书语法研究丛书

《三朝北盟会编》语法研究

⊙ 刁晏斌　著

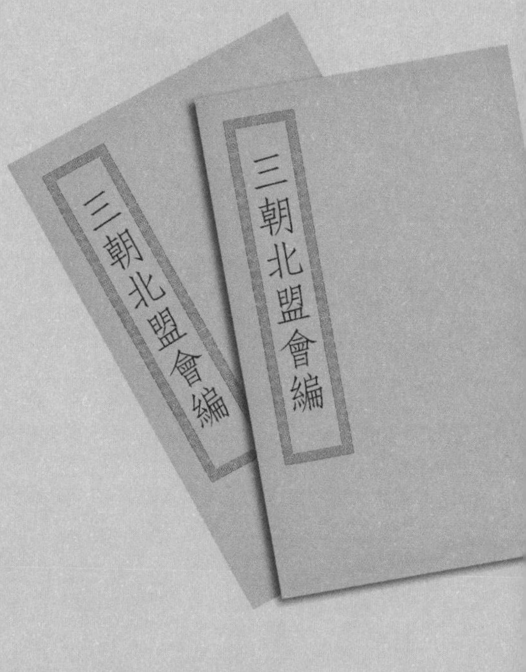

河南大学出版社

《三朝北盟会编》语法研究

刁晏斌 著

河南大学出版社

图书在版编目(CIP)数据

《三朝北盟会编》语法研究/刁晏斌著. 一开封:河南大学出版社,2007.8

(汉语史专书语法研究/刘坚,江蓝生主编)

ISBN 978-7-81091-107-8

Ⅰ.三… Ⅱ.刁… Ⅲ.①汉语-语法-研究-宋代②三朝北盟会编-研究 Ⅳ.H141

中国版本图书馆 CIP 数据核字(2003)第 073662 号

责任编辑 朱建伟
装帧设计 张 胜·生生书房

出 版 河南大学出版社出版发行
地址:河南省开封市明伦街 85 号 邮编:475001
电话:0378—2864669(事业部) 0378—2825001(营销部)
网址:www.hupress.com E-mail:bangong@hupress.com
排 版 河南大学出版社印务公司
印 刷 河南第二新华印刷厂
版 次 2007 年 8 月第 1 版 **印 次** 2007 年 8 月第 1 次印刷
开 本 787mm×960mm 1/16 **印 张** 13.75
字 数 191 千字 **定 价** 27.00 元

【出版说明】

专书语言研究是语言学本体研究的一项基础工程。20世纪90年代以来，随着汉语史研究的全面开展，尤其是近代汉语的研究日益引起重视，专书语言研究的课题在中国社会科学院语言研究所的学术规划中占有比较大的分量，较之60年代曾经筹划论证、后来由于客观条件而实际中辍的计划，这次的专书研究工作规模更大，包括古代和近代；参与的人员更多，包括所内和所外。由刘坚研究员主持，申报了“九五”的国家社科基金重点课题“近代汉语专书语法研究”；由董琨研究员主持，申报了中国社会科学院重点课题“古代汉语专书语法研究”，以上两个课题均在相关单位得以立项。经过较长期的艰苦努力，克服不少困难，这两个课题都已基本结项。在河南大学出版社的大力支持下，其相应成果编成《汉语史专书语法研究丛书》，分为古代和近代两辑，每辑10本。

针对学科不同分支的特点，北京大学郭锡良教授和蒋绍愚教授分别为丛书的第一、二辑撰写了精彩的序言。在此谨向两位教授、河南大学出版社的领导以及策划编辑王兴业先生表示衷心的感谢!

由于各种专书的语言特质与已有的研究状况不一,研究者的个人观点与志趣有异,故而相应的研究成果的内容,彼此有所差别,或偏重词法,或偏重句法,篇幅方面的参差也在所难免,我们在统稿时未曾作同一要求,多少也有“文责自负”的意思,特此说明。

我们尊敬的前所长刘坚先生是本套丛书的主编,但他不幸因病去世,未能目睹成果的出版,在此我们谨以本丛书寄托我们的哀思,告慰刘坚先生的在天之灵。

《汉语史专书语法研究丛书》编委会

2002 年 12 月

《近代汉语专书语法研究》序

蒋绍愚

1898 年《马氏文通》的出版，标志着我国汉语语法研究的开端，这是一部文言文语法，研究的主要是先秦和西汉的语言。1924 年黎锦熙《新著国语文法》是我国第一部较系统的白话文法，研究的是 20 世纪的汉语。这两部语法书很能说明我国早期汉语语法研究的趋向:重两头，轻中间。中间那一段的语法研究一直空缺，直到 20 世纪 40 年代吕叔湘先生的一些论文的诞生，才“宣告了近代汉语研究的黎明”(太田辰夫语)。近代汉语语法的研究，从 20 世纪 80 年代以来发展得很快，有不少研究者做出了重要的贡献，这是有目共睹的。但是，也应该看到，近代汉语语法的研究还有许多基础工作要做。

什么是近代汉语语法研究的基础工作？其中重要的一项，就是近代汉语专书的语法研究。这个看法，是老一辈语言学家提出来的。

1983 年，在太原召开了全国语言学学科规划会议，老一辈的语言学家王力、吕叔湘、朱德熙、李荣等都参加了。我作为一个年轻人，也有幸参加了这次会议，得以聆听各位学者的教诲。当时，中断已久的语言学研究工作刚刚开始恢复，摆在各位前辈学者面前的一个重要问题是:什么是我国语言学研究的基础工作？我国语言学研究首先应该从哪里做起？就汉语史的研究而言，各位前辈学者的意见非常一致:每个历史时期选几部有代表性的专书，从专书语言的研究做起。

从 1983 年到现在,已经 20 年了。但那次会上提出来的做专书语言研究的意见,至今看来仍然十分正确。汉语的历史那么长,可是我们对此究竟有多少了解呢?大致的印象也许会有,但是要清楚地说出各个历史时期的状况,恐怕不很容易。尤其是语法,研究工作本来就开始得很晚,到 19 世纪末才开始;如果不是通过各个历史时期的专书的研究,把各个历史时期的语法面貌弄得比较清楚,那么,汉语语法史的研究实在是无法深入下去。从 1983 年以后的研究情况来看,在汉语语法研究方面取得较大进展的,主要也是在专书语法研究方面取得的成果。比如,敦煌变文的语法研究,《祖堂集》的语法研究,不论是单篇论文也好,专著也好,都有不少突出的成果。实践也证明了做专书语言研究这一指道思想的正确。

不过,以往的专书语法研究,是全国各地的研究者分散进行的。尽管 1983 年的规划会上提出来了,但系统的专书语法研究还是没有做过。如果大家的兴趣都集中在某一个时期的某几部书上,而另一些时期的专书却无人研究,那么,"史"的线索还是贯穿不起来。这未免是一个缺憾。大概是看到了这个问题,中国社会科学院语言研究所的刘坚、江蓝生两位先生组织所内外的同仁承担了"近代汉语专书语法研究"这一课题。经过几年坚持不懈的努力,这个课题的研究任务已经胜利完成,这是我们语言学界都应该感到高兴的事情。

"近代汉语专书语法研究"共 10 本:《祖堂集》语法研究,《三朝北盟会编》语法研究,《碧岩录》语法研究,《朱子语类辑略》语法研究,《敦煌变文十二种》语法研究,《刘知远诸宫调》语法研究,元刊《全相平话五种》语法研究,《元典章·刑部》语法研究,《老乞大谚解》、《朴通事谚解》语法研究,《聊斋俚曲》语法研究。作者有江蓝生、曹广顺、吴福祥、李崇兴、冯春田、刁晏斌、杨永龙、马贝加、梁银峰、祖生利、顾之川、高育花等。

不难看出,所选的十本书是近代汉语各个时期有代表性的专书,撰写者是对近代汉语语法有深入研究的专家以及崭露头角的新秀。这些专书研究的质量和水平是有保证的。有了这 10 本专书语法研究,我们对近代汉语各个历史时期语法面貌的了解就会清楚得多了,这为近代汉语语法的研究做了一件重要的基础工作。

近年来,人们对"语法化"以及种种语法演变的规律,对语言接触以及语言类型学的研究等等谈得很多。这对汉语的研究(包括近代汉语语法的研究)是很有好处的。加强理论思考,把正确的理论、观点、方法用于汉语研究,这会大大推动我们的研究工作。但是,理论思考必须以语言事实为基础。如果对汉语的语言事实没有深入的研究和准确的把握而空谈理论,那是毫无意义的;如果强使汉语的语言事实来迁就某种理论框架,那就更不值得效法。而且,进一步说,任何正确的语言理论都是从语言事实中概括出来的。现在的一些语言学理论,主要是西方的语言学家在研究印欧语和其他语言的基础上总结出来的。摆在我们中国语言学家面前的任务,不仅仅是要运用这些理论,更重要的是还要发展这些理论,这就更需要我们加强对汉语的研究。我们的汉语有如此悠久的历史,有如此丰富的变化,在历史上又有多次民族语言的接触和交融,为什么我们就不能从自己的汉语发展史的研究中总结出一些理论,为人类的语言理论宝库做出自己的贡献呢?汉语是世界上一种很有特色的、使用人口十分众多的语言,为什么我们汉语的研究者不能对语言类型学的研究发表自己的意见呢?这是我们汉语研究者在21世纪应该完成的任务。要完成这个任务,还必须从基础做起。就汉语语法史的研究来说,就是要踏踏实实地做好汉语语法史研究的基础工作,深入进行汉语语法史的研究,然后从汉语发展的历史中总结出相关的规律,并上升为理论。从这个角度讲,我们也应该感谢近代汉语专书研究的作者,感谢他们提供了一个十分坚实的基础。

汉语语法研究经过了一个世纪的历程,在21世纪应该有较大的发展。怎样才能使汉语语法史的研究在新世纪中有更健康、更迅速的发展?这是每一个汉语语法史的研究者共同关心的问题。在这一套"近代汉语专书语法研究"丛书出版之际,几位编者要我写几句话,我借此机会谈了一点关于近代汉语语法研究的意见,和大家一起商讨。

2002年12月

目　录

前　言

《三朝北盟会编》，宋代徐梦莘编，共250卷，记录宋与金之间的战和始末过程。所谓“三朝”，指的是徽宗、钦宗和高宗三朝。时间跨度大致从徽宗政和（1111－1118）年间到高宗绍兴（1131－1163）年间，即北宋末年到南宋初年。

本书是一部编年体的史料性著作，其中不仅保留了大量的珍贵史实，同时也保留了许多当时口语的记录，因此对于研究早期白话是相当可贵的。我们从中选出六篇口语性较强的作品，计约五万字，作为我们的基本语料，对其中的各种语法现象进行穷尽性的描述。这六篇作品是：赵良嗣的《燕云奉使录》（以下简称“燕”）、马扩的《茅斋自叙》（简称“茅”）、郑望之的《靖康城下奉使录》（简称“靖”）、李若水的《靖康大金山西军前和议录》（简称“山”）、王绘的《绍兴甲寅通和录》（简称“绍”）和员兴宗的《采石战胜录》（简称“采”）。

从语言的角度看，我们所选择的六篇作品有以下两个特点。

一、口语性较强

六篇作品中，多有记录宋使与金人谈判、交谈，以及君臣、大臣之间的谈话内容等，这是一些近乎“实录”的东西，基本保留了原话，因而口语性是比较强的。例如以下这样的记录：

阿古达云：“西京地本不要，止为去拿阿适须索一到。若拿了阿适，也待与南朝。”（燕）

彦通答云：“两朝许多时讲好，更便不通些耗，便起兵来，是甚道理？”（茅）

一般的情况是，记录金人话语时，多用口语或口语色彩较为浓厚，而记录宋臣谈话时则基本上仍用文言或具有某些白话色彩的文言。这一对比是相当明显的，例如：

二日，斡离不请康王及邦昌等相见，帐前札自家旗帜数百面，俘虏到将校数十人，再三诘责。邦昌云："必不是朝廷如此，恐是四方勤王之师各奋忠义，自相结集，故来劫寨。"斡离不云："待到是贼来，怎生有许多贼？相公濿只可道朝廷不知也！"（靖）

此外，叙述性的语言基本上仍然用文言。

总的说来，此书的语言性质似乎可以这样说：在文言的框架下，掺入相当多的口语性成分，这一点，与大致同时的宋儒语录有较大不同。

正因为如此，所以，在我们所考察的很多语法项目中，都有这样的情况：既有很多文言中固有的形式或用法，也有不少后起的、专用于白话的形式或用法。比如，在助动词中，古代汉语中所使用的助动词仍占主角，其具体表现一是数量较多，二是使用频率较高。但是同时也有一些后起的双音节助动词，如须索、须是、欲要、自合等，不过，这些词的使用频率一般都不太高，其中有的还只是个别的用例，如自合就只有一例。

当然，半文半白的文体风格并非本书才有，但是，在文言的框架下，本书白话所占的比例和口语化的程度还是相当高的，这一点，在许多前代和同时代的作品中，还是相当独特的。

二、语言有特色

《三朝北盟会编》中，有一些语言形式是相当有特色的，比如程度副词"煞(是)"的使用，就是如此。

"煞(是)"的用法比较复杂，分别可以用于动词、形容词、助动词和词组的前边，意义也比较复杂，有些与今之"很"、"非常"相当，有些则必须另作他解。例如：

我如今煞是大皇帝。（燕）

西京地土据诸郎君与臣下议，言当初得西京时，攻围四十日，军人死伤无数，不易得来，不若与河西家，却煞得进奉。（茅）

我自去年煞做无道理事，至今日，饶我也由你辈，杀我也由你辈。（采）

契丹煞大国土,被我杀败。(燕)

皇帝如此爱民,煞好。(绍)

此番使副煞忠梗聪明,只是所议不肯说尽话。(山)

闻教谕兵书及第,莫煞会弓马否?(茅)

珠玉煞不少,尽在宣和殿,可同过去看。(靖)

相别后煞是思念,冬寒,保重。(绍)

再比如,作为人称代词词缀的"家"用得也相当多,结合的面也相当广,这在其他人的其他作品中也是不多见的,我们所见的就有我家、自家、你家、您家、当家、他家等。

本书中,人称代词用于指人的名词前边作定语的用例比较多,这也是比较有特色的一种形式,例如:

粘罕、兀室云:"我皇帝从上京到了,必不与契丹讲和。"(燕)

三宝奴云:"李给事却是上皇遣来,皇子郎君道:'不知他今上旨意如何?'"(靖)

设若欲取江南州县与他别人,却坏了元帅军马,不晓何苦为他如此。(绍)

未若自家两家本无相争,便通交好,万世所无,乃是好事。(燕)

本书语言上的特色,还表现在某些可能是新出现的形式上,比如,"数词+量词1+量词2",亦即两个量词连用的形式,我们就没有在此书前的其他书中见到:

每岁共银绢各二十万匹两。(绍)

今贵朝御笔岁添十万匹两。(绍)

以上两个方面,使得《三朝北盟会编》(在以下正文中简称《三》)一书成为研究宋代口语的极好材料,而对本书语言全面、穷尽性的研究,无疑有很大的意义和价值。

作者　2003年4月

第一章 助 动 词

助动词是能够用在一般的动词和形容词前边,表示意愿和可能以及必要等的词。本书中的助动词主要有以下几个特点:

第一,古代汉语中所使用的助动词仍占主角,其具体表现一是数量较多,二是使用频率较高。在我们考察的24个助动词中,先秦常用的有8个,正好占总数的1/3,而就使用频率来看,古代汉语助动词远高于后代产生的助动词,如“可”有175例,“可以”20例,“欲”113例,“敢”76例,“宜”23例。

第二,双音节助动词占很大比重。在24个助动词中,除了前边提到的古代常用的8个外,剩下的18个中,有10个是双音节的,约占总数的55.5%。造成双音助动词的途径有三:一是以某一个助动词为词根,加上一个词缀,形成附加式的助动词,如“须索”“须是”等,这样的形式有2个;二是同义连文构成合根式的助动词,如“欲要”“须当”“须要”等,共有6个;三是在助动词前加上修饰性词语构成复合助动词,这样的形式只有1个,即“自合”(详后)。

第三,用法有新的发展。如本书中出现了以前极少见到的正反并列形式,如“合与不合申明”(详下)。另外,有的助动词意义也有延伸,如“要”由表示意愿到常用于表示劝止的“不要”中,就是义有所转。

这里,我们主要讨论以下几个助动词。

1. 肯

共有25例,分别用于肯定句、否定句和疑问句中,意同“愿意”,例如:

(1) 百寮军人等都不肯许西京。(燕)

(2) 盖缘三镇军民未肯交割。(山)

(3) 我便去见官家,说统制以下某人肯杀,某人不肯杀。

(采)

(4) 岂肯更敢虚诈不实及胡乱杀戮?(采)

本书中,"肯"用于否定句中的最多,共15例,其中"不肯"13例,"未肯"2例;其次是用在反问句中的例子,共有7例,都是"岂肯";用于肯定句中的例子最少,只有5例。

2. 愿　愿得

"愿"共9例,意义和用法与今基本相同,例如:

(5) 士卒愿偕行者一十五人。(茅)

(6) 兼本朝亦岂为此未交割地土愿致兴师?(茅)

(7) 良臣愿就都堂请死。(绍)

"愿得"义同"愿",仅1例:

(8) 且烦走马开弓,愿得略见南人射弓手段。(茅)

"愿"在本书中比较多见的是用为一般动词,义同"希望",如:

(9) 愿国相元帅以生灵为念。(山)

3. 要　要当　欲要

共35例,与现在表示愿望的"要"意思用法相同,例如:

(10) 不是本朝要断绝,自是贵朝惜物。(燕)

(11) 我要岁添一百万贯物色。(茅)

(12) 皇子郎君要一大臣过去。(靖)

(13) 然皇子郎君只要以河为界。(靖)

(14) 昨完颜亮要初八日来此会饭。(采)

以下一例中的"要"略显特别:

(15) 庆裔云:"誓书要传万世,亲写故知是厚意。"

按,一般用例中,"要"意为"想要",它的主体都是句子的主语(显性或隐性的),而此例却不是,句中的"要"反映的是一种愿望或取向,二者有所不同。

与"要"意义和用法相同的,还有"要当",系同义连文,有2例:

(16) 要当以河为界。(燕)

(17) 要当进兵先取燕京。(茅)

"欲要",也是同义连文,仅1例:

(18) 绘等云:"皇帝遣来奉使,欲要讲和罢兵……"(绍)

4. 当

共35例,按其表意的不同,可以分为三小类。

① 表达"理当如此"之意者

这一类最多,共有23例,与今之"应该""应当"相当。例如:

(19) 诸郎君不要误皇帝,当以信义为胜,不可以力为强。(燕)

(20) 兵家当怯守猛战,今女真兵少力分,见处危道,安得不自防?(茅)

(21) 到镇江府,见韩世忠,具以所当预闻者语之。(绍)

(22) 今日更不论和与守,直问战当如何。(采)

② 表达主观意愿或承诺者

共有8例,与今之"要""将要"相当,句中的主语(显性或隐性的)都是第一人称者。例如:

(23) (童)贯曰:"二万人则可办,每岁当以三百万缗资军。凡有辟用人材,当一一依从,如此几年可以成就?"(茅)

(24) 我当亲到燕山措置常胜军及制置河北诸帅兵,便他敢来时,亦不失事。(茅)

(25) 我今日只办两眼随你们,成得功大,与你填大底官诰;立得功小,填小底官诰。若死于此,则当同死于此。(采)

(26) 镇江无战备,我当往措画,所患兵少。(采)

③ 表达某种推测或判断者

共4例,与今之"应该""会""将会"等大致相当:

(27) 有汉儿刘宗吉者,自后窃出,相谓云:"使人今夕当宿涿州。宗吉涿州人也,见隶白沟军中。愿得敕榜副本,携示诸人,他日南师入境,愿先开门以献。"(茅)

(28) 今既不得平、滦、营三州,又失榆、松亭二关,每岁别增一百万缗,耗竭中国,当自此始。(茅)

(29) 天祚欲趋武州,南投大朝,为随行僧所劝。谓南朝弱,必不敢留隐,当为女真所索。等辱,不可再辱。莫若径归女真,

亦不失为王也。（茅）

5. 会

共6例，由表意来说，分为两类。

① 义同“应当”、“应该”

这一类仅1例：

（30）国相曰：“昨已差使往汴京，会以黄河为界，三镇事更不须议。”（山）

② 意为懂得怎样做或有能力做某事

共5例，与今之“会”相同，如：

（31）闻南使会开弓，来日随我射一物如何？（茅）

（32）我家自上祖相传，止有如此风俗，不会奢饰……（茅）

（33）我辈皆是马军，却使我弃马步走过江，如今已无马，我辈不会步走厮杀。（采）

6. 须　须索　须当　当须　须是　须要　须得

“须”共25例，义为“必须”“应该”，例如：

（34）恐见四军更须婉顺。（茅）

（35）某等云：“岂敢遗落一字，须一一奏知。”（绍）

（36）须似申包胥泣于秦庭下。（绍）

“须索”仅1例，义同“须”：

（37）阿骨打云：“西京地本不要，止为去拿阿适，须索一到。若拿了阿适，也待与南朝。”

另有1例为语气副词，表示行为肯定要发生，略同于“必”、“必定”：

（38）若差人速来交割土地人民，即便回军通和，万一不从，须索提兵直到汴京理会也。（山）

“须当”系同义连文，义同“须”，亦同“当”，共3例：

（39）此中亦遣使人，须当道破，只得一年之数，赏此军人，便是礼数了也。（茅）

（40）须当先去译知国相元帅为使。（山）

（41）诸公唯唯，或曰“极是。”或曰“须当如此。”或曰“只得

如此。”（绍）

“当须”义同“须当”，仅1例：

（42）若所闻审的，当须奏知，岂敢不白知朝廷？（绍）

“须是”共6例，义同“须”，“是”是此书中常见的词缀。例如：

（43）信誓事须要便了，此所系万年永远，须是各说得重则好。（燕）

（44）须是逐人得两锭银一铤金方得。（靖）

（45）（房子）使椽柱瓦木盖得是好，却须是住房子底人做主，防水火盗贼，若不会照管，便倒塌了。（绍）

“须要”共5例，义同“须”，例如：

（46）然税赋所出须要赡养军民，须以分数酌中参定，方可了绝。（燕）

（47）某天性爽快，士大夫所共知。今来商议国事，须要说尽。（燕）

（48）虞候云：“须要在江上看兵势。盖上遣我来，当进不当退。”（采）

“须得”系同义连文，义同“须”，仅1例：

（49）虞候云：“不须得发兵如此之多。虏必不从上流下。恐发禁卫，厢兵益少，朝廷内虚，异时无兵可为两淮之用。”（采）

7. 待

共33例，按表意的差别，可以分为两小类。

① 表主观意愿者

此类意同今之“要”“将要”等，共26例，如：

（50）所有宁边州至天德、云内一带，是汉旧地，兼有黄河限隔，不知贵朝欲待自守？为复待与夏国？（燕）

（51）我亲押军来，待与夔离不见一阵。（茅）

（52）且待提兵去与李宣抚决胜负则个。（山）

（53）恰似人家养个义儿，却赌钱吃酒，待赶了，又赶去那里？（绍）

以下一例中，“待”位于主语前：

(54) 卿等家属,待朕时遣人问讯。(绍)

我们认为,此例中的"待朕时遣人问讯"就是"朕待时遣人问讯"。

② 表应当如此者

这一类义同"须",与今之"应当""需要"大致相当,共有 7 例,如:

(55) 一件通课程约六百万贯,却待以多少银绢代之?(燕)

(56) 于公下策中,更待添些物色。(茅)

(57) 事无可奈何,待更商量。(靖)

(58) 适来无他,如二公劳苦,不待言而自知。(绍)

8. 合　自合

"合"共 15 例,表示按情理等应当如何,与今之"应该""应当"同,如:

(59) 便如西京地土两家分割一般,我亦合得一半。(燕)

(60) 元初海上之约,燕地人户合归南朝,应燕中客人合归北朝。(茅)

(61) 此是奉使合得之物,不可坏却常例。(山)

(62) 忠孝是臣子合做底事。(绍)

以下一例中"合"正反并用:

(63) 若至镇江,闻有警急,合与不合申明?(绍)

相同的形式还有 1 例。

"自合"的"自"是"自然""当然"之意(详后副词章中情态副词一节),"自合"即"当然应该"之意,共有 4 例:

(64) 寻引谙王皺赐第议事,出御前文字读示,所有幽、蓟、平、滦自合依约。(燕)

(65) 古北、居庸本是奚地,自合本朝占据。(燕)

(66) 兼你系摘留使人,自合赴阙。(茅)

(67) 兼涿、易州并常胜军并旧属契丹燕京所管,自合归还。(茅)

9. 应

同于今之"应该""应当",仅 1 例:

(68) 承平时斗粟不过百钱,今兵火荒歉,凋残之余,斗粟千

钱，自应十倍，岂可以此为定？（燕）

10. 得

共 78 例，根据其用法与表意的不同，可以分为两类。

① 用于动词前，表示动作行为的可能性等，与今之“可以”“能”“会”等基本相当，共有 35 例，如：

（69）凡野兽自内赴外者，四围得迎射，自外赴内者，须主首先射。（茅）

（70）既是上皇禅位，无可得争，却与他讲和休。（靖）

（71）军中机事，使人缘何得知？（绍）

（72）若虏船自杨林河口出，即齐向射之，必争与死，无令一船得出岸。（采）

② 用于动词后，作为补充成分，表示可能或可以，共有 42 例。关于这类助动词的详细使用情况，我们将在下篇第一章的补语一节中详谈，此处仅举两例：

（73）纵使虏人见还，公观今日朝廷事势，如何守得？（茅）

（74）南朝得北朝地固不能守，北朝得南朝地岂守不得？（靖）

78 例中，另有 1 例表示情理上应该，与“须”连用，见前例（48）“须得”条。

第二章 代 词

第一节 人称代词

一、第一人称代词

1. 我

“我”在我们考察的范围内一共出现126次，主要功能是做主语、宾语、兼语和定语，例如：

(1) 南家故地，教他收了，我与他分定界至，军马归国。早见太平。(茅)

(2) 闻南使会开弓，来日随我射一物如何？(茅)

(3) 我是朝廷官，官家差我担银犒赏你们。(采)

(4) 况汝兵近为燕人击败，若旬日未下，岂不仰我力耶？(燕)

“我”做定语时，与中心语之间几乎都不加结构助词，在29个用例中，我们只找到一 个加“之”的用例，即：

(5) 又岂可以我之腹心尽露于外夷？(茅)

受“我”修饰的中心语以单音节词居多，如例(4)中的“力”，也有一些是双音词，如“人民”、“土地”等，再复杂的形式就很难见到了。

《三》中的“我”单复数基本同形，除了少量的复数形式如“我们”(3例)、“我辈”(4例)、“我等”(1例)外，复数均可用“我”表示，这样的用例有39个。

《三》中还有“我家”一词，是由人称代词“我”与词缀“家”(关于“家”以后我们还要专门讨论)合成的，共有4例，全部用做定语，例如：

(6) 契丹无道，我已杀败，应系契丹州域全是我家田地。(燕)

2. 自家

“自家”与“我家”一样，是由自身代词“自”与词缀“家”构成的，共12例，分别可以做主语、宾语和定语。例如：

(6) 阿骨打云：“自家既已通好，契丹甚间事，怎生和得?”(燕)

(7) 此是契丹男媳妇，且教与自家劝酒，要见自家两国欢好。(燕)

(8) 此人元在自家军中。(绍)

“自家”多表复数，义同“我们”，共有8例，另外4例是表单数的，其中又有2例是加了表复数的词缀“门”和“懑”后表复数的。表单数的例子如：

(9) 自家、南朝是天地齐生底国主皇帝。(燕)

(10) 莫且自家门如今且把这事放著一边。(燕)

(11) 自家懑这里斗口做甚?(茅)

3. 措大

“措大”本为名词，近于詈语，指称穷酸书生、疲弱之人等，此词用于自指，则有自卑之意，作用就相当于第一人称代词了。这样的用法仅见1例，即：

(12) 阿骨打笑曰：“射得煞好，南朝射者尽若是乎?”仆答以：“措大弓箭软弱不堪……”(茅)

4. 某

“某”相当常用，共有131例，其中做主语的103例，宾语及兼语26例，定语2例，都只表单数。例如：

(13) 某辈非敢自为脱身计。(绍)

(14) 令某等再三启白国相元帅。(山)

(15) 是时某父亦同行。(茅)

二、第二人称代词

1. 你　你家　您家

共有56例，分别做主语、宾语、兼语和定语等，例如：

（16）译者言："你们来讲和，煞是好公事，不如一发了却。"（绍）

（17）若你们走，我亦随你去。（采）

（18）（阿骨打）顾益等云："南朝许大事，你几个使人商量了，功绩不小。"（茅）

"你"在使用中也有单复数同形的，但不像"我"那么普遍，大多的复数形式是"你们"（16例）和"你辈"（4例），真正用单数形式表示复数的只有7例，其中最明显的如例（17），前用"你们"，后用"你"，所指相同。

"你家"一词，与"我家"和"自家"相对，共有5例，都做定语，例如：

（19）我已遣使副同你家大使南去。（燕）

（20）相公潘悉起，你家人马来厮杀也。（靖）

上述"你家"均为复数义。

"您家"意义及用法与"你家"完全相同，只有1例，即：

（21）这里许多军住久，是坏了您家人民田种。（靖）

2. 贤

"贤"是表示尊敬意的第二人称代词，略同于现代汉语中的"您"，只有1例，即：

（22）望之又云："乞见上，得使旨乃行。"邦昌云："有甚旨？贤且往军前看他家如何。"（靖）

3. 汝　汝家

共18例，功能同"你"，例如：

（23）汝宜速奏论之。（采）

（24）我以山西全境与汝。（燕）

（25）况汝兵近为燕人击败。（燕）

复数形式虽有“汝辈”等，但“汝”仍可单、复同形，这样的用例有5个。

“汝家”有4例，分别做主语（3例）和兼语（1例），例如：

(26)今先与西京，其意已厚，汝家旦夕守燕，不能取，候我得之，取决临时，有何不可？（燕）

(27) 我著人马三面逼著，令汝家就取，却恁生受？奈何不下！（茅）

所有的“汝家”均为复数义。

三、第三人称代词

1. 他　他家

共23例，可做主语（4例）、宾语和兼语（11例）以及定语（8例）等，例如：

(28) 某知他吃了人多少言语。（绍）

(29) 南家故地，教他收了，我与他分定界至，军马归国，早见太平。（茅）

(30) 蔡太学云犹胜于他汴京宅子。（绍）

以下两例中的“他”似乎有指代作用：

(31) 设若欲取江南州县与他别人，却坏了元帅军马，不晓何苦为他如此。（茅）

(32) 若告他元帅，须似申包胥泣秦庭下。（绍）

例(31)的“他别人”或许与今天的“他们别人”相同，这里不把“他”与“别”看做同义；例(32)的“他”与“元帅”所指相同，但不宜看做同位语，所以仍按偏正关系来理解。

“他”的单复数同形最为普遍，23个“他”中有13个是表复数的。

“他家”有2例，均表复数，都做主语，例如：

若他家胜，王在城外已半月日，岂预知劫寨事？（靖）

2. 渠

共有6例，分别做主语（2例）、宾语（1例）和定语（3例），例如：

(33) 近又得其文牒，具言已据山后。如南朝不要燕地，则

渠国自取之。(茅)

(34) 初间问他道:"国书外莫别有议者事否?"渠言:"无。"(山)

(35) 更为说宇文虚中久在金国,渠有父母,日望渠归。(绍)

"渠"也是单复数同形的,6 例中,表单复数的各有 3 例。

四、其他

这里指的是除上述三身代词以外的指人的代词。

1. 大家

共有 3 例,即:

(36) 胡离席曰:"启枢密,莫宜就此大家商量如何?"(绍)

(37) 诸军大欢,曰:"今日有分付,大家去厮杀。"(采)

(38) 良臣正色曰:"且容略叙本末。"因不顾赵,只向沈、胡,赵乃退步至坐席。沈曰:"大家且坐。"(绍)

3 例中,前两例是"包括式",即包括说话者在内,而后一例则是"排除式",即不包括说话者在内。

2. 别人

共有 4 例,都是他指的,例如:

(39) 贯云:"主上必不较些物色,但得事了,早班师为上。后来教他别人手里理会。"(茅)

(40) 况交结女真,恢复燕山事,乃是大王经手,今有此窟窿,却需大王与补了。不惟在别人不知金人情伪,不能补得,兼不得使别人补了。(茅)

4 例中,有 2 例是取"他别人"形式的。

第二节　指 示 代 词

一、近指代词

1. 这

共有 7 例，主要用作定语，例如：

(1) 莫且自家门如今且把这事放著一边。(燕)

(2) 大军在此，这公事煞紧。(绍)

这样的"这"与名词结合的用例有 4 个，另有 3 例"这"与其他类词语组合，形成别的结构：

(3) 我家自上祖相传，止有如此风俗，不会奢俙，只得这个屋子冬暖夏凉，更不别修宫殿，劳费百姓也。(茅)

(4) 如今厮杀后，若我们败时，物也做主不得，我们过河去后，不止要这些物。(绍)

(5) 这底只是我怕你们不知。(绍)

例(3)"这"与量词"个"结合，形成指量结构，例(4)"这"与数词"些"构成指示数量的词组，例(5)中"这"则与结构助词"底"结合，仍为"这"义。

2. 这里

"这里"是专指处所的指示代词，共有 7 例，分别做状语、宾语和定语，例如：

(6) 介儒云："事已如此，自家滛这里斗口做甚?"(茅)

(7) 既有城下之盟，许割与他三镇，那租赋便是这里底。(靖)

(8) 公们不去劝谏贵朝皇帝，教早割与他三镇土地人民，便是好公事。却来这里弄唇舌，想捎空，恐使不得。(山)

"这里"还与"我"连用，指代义减弱，有的甚至基本虚化了，例如：

(9) 我这里说得底话，望你们到皇帝处一一说。(绍)

(10) 我这里只用仁义行兵。(绍)

以上两例中，前一例的“这里”还略有实义，后一例的就看不出多少实义了。

3. 兹

共有6例，用法与“此”基本相同，例如：

(11) 若水曰：“某等兹者特来议和，欲便两国。”（山）

(12) 某等问：“兹事如何？”（绍）

例(11)中的“兹者”义同“今者”，指称当前的时段，这样的用法仅此1例。

4. 恁　恁地

共有7例，义同“这样（的、地）”，在句中可以做定语（4例）和状语（3例），例如：

(13)似恁统领底人败了军国大事，汝家有甚赏罚？（茅）

(14) 某等云：“若得到元帅纳了国书，便是使人事了，然后请死。”万户笑云：“大金没恁公事。待教一个会汉语播译人去做通事，且好坐马。”（绍）

(15) 我亦曾听得数年前童贯将兵到边，却恁空回。（山）

“恁地”共有5例，分别可做状语（1例）、定语（1例）、谓语（1例），甚至还可以独立成句（2例），例如：

(16) 将来只恁地好相待通好，更不争要做兄弟。（燕）

(17) 恰似人家养个义儿，却赌钱吃酒，待赶了，又赶去那里？且只得恁地。（绍）

(18) 万户大怒云：“似恁地事，怎生信得？”（绍）

(19)（上）又云：“恁地后，怎生整顿得起？”（靖）

5. 许

“许”是一个含有强调程度因素的指示代词，大致相当于“这么”，共有19例，但使用范围较窄，我们只见到“许多”（13例）与“许大”（6例）这样的搭配。例如：

(20) 贯大惊曰：“金人国中初定，些少人马在边上怎敢便做许大事？”（茅）

(21) 金人何故要添许多岁物及起燕京人民？（茅）

我们不认为这里的“许多”是一个词，这一点，通过以下的例子可以看得很清楚：

(22) 张愿恭云：“说道东京人家富庶，家家便设一锭金，今来须官中民间尽底将来赎取性命。”望之云：“此非是讲和之语，意在强取物耳。请太师问归朝官，按月请受尚有拖延不足之时，那里得许多金银？”（靖）

按，此例中的“许多”是对前边的“官中民间尽底将来”而言的，只有这样理解才最顺畅。

6. 如此

共57例，用法比较复杂，主要有以下几种。

① 做谓语

这样的用例最多，共24例，例如：

(23) 介儒云：“事已如此，自家㸃这里斗口做甚？”（茅）

(24) 扩大呼曰：“时势如此，方用人之际，岂可听小儿子谮诬，欲害士大夫乎？”（茅）

(25) 若如此，便是败盟，不割三镇。（山）

② 做宾语

用例最少，仅有1例，即：

(26) 只为贵朝失道理，所以致得如此。（茅）

按，句中的“得”是动态助词，“致得如此”大致意为“导致了如此（局面）”。

③ 做定语

这样的用例也不多，只有5例，例如：

(27) 我家自上祖相传，止有如此风俗，不会奢饰。（茅）

(28) 见斡离不，但讦国家违盟，纳受归朝官，及赐平州张觉杀金贼之诏。如此三五事，都不及和议。（靖）

④ 做状语

这类用例比较多，共有17例，修饰动词时，直接附在动词前，修饰形容词时，中间大都加一个“之”。例如：

(29) 自赵龙图涉海北从贵国，未到上京，已如此商议。

(燕)

(30) 侍郎不须如此说,且送得七八分来。(靖)

(31) 南北天气如此之异。(山)

⑤ 做补语

仅有1例,即:

(32) 汝家未下燕,已拒我如此,是不欲通和耳。(燕)

⑥ 做紧缩复句的前半段

共9例,例如:

(33) 贯曰:"二万人则可办,每岁当以三百万缗资军。凡有辟用人才,当一一依从,如此几年可以成就?"

(34) 望之云:"如此则非是买卖。"(靖)

(35) 如此则使人并无责任。(绍)

这类句子表示的都是假设条件关系。

二、远指代词

本书中使用的远指代词主要是古代汉语中的,如"彼"等,属于后来产生的只有"那"一个,共4例,指代人或事等,例如:

(36) 那收燕山时杀了底许多人是生灵也无?(山)

(37) 既有城下之盟,许割与他三镇,那租赋便是这里底。(山)

此外,还有"那里",专指处所,仅有2例,且出于一句之中:

(38) 我此中捉得你那里人,并不曾杀,你那里人捉得我人去,亦不要杀却。(绍)

三、逐指代词

本书中值得一提的逐指代词只有一个"每"。

"每"共有24例,都直接用在名词前,表示无例外,强调共同点,例如:

(39) 每户给田二顷五十亩。(茅)

(40) 我闻王节使在淮西每日只打锣不打鼓。(采)

第三节　疑问代词

1. 谁

共有6例，分别可以做主语(3例)和定语(3例)，例如：

(1) 二使人谁留？(茅)

(2) 侍郎是谁门下人？(绍)

(3) 丞相见，问是谁意思，左右云……(绍)

“谁”做定语时，与中心语之间不用结构助词联接。

2. 甚　甚的　甚么

共30例，分别做定语(21例)和做宾语(包括动宾与介宾，共9例)，例如：

(4) 而今契丹更有甚面目来和也？(燕)

(5) 不知山后土地取甚日交割？(茅)

(6) 介儒云：“事已如此，自家懑这里斗口做甚？(茅)

(7) 你们来讲和，昨日道韩家人已回，却因甚使人来夺折桥？(绍)

“甚的”，义同“甚”，“的”是结构助词，仅有1例：

(8) 军马已起，更商量甚的？(茅)

“甚么”同“甚”，做定语，只有1例：

(9) 却待著个甚么道理？(燕)

3. 何等

只1例，义同“甚么”，做定语：

(10) 此何等时而较此闲事耶？(茅)

4. 那里

“那里”即后来的“哪里”，是询问处所的疑问代词，共有4例，分别做定语(1例)和宾语(3例)，例如：

(11) 按月请受尚有拖延不足之时，那里得许多金银？(靖)

(12) 此两君长并已降拜了本国，待走那里去？(燕)

(13) 恰似人家养个义儿，却赌钱吃酒，待赶了，又赶去那

里?(绍)

5. 多少

“多少”主要是询问数量的疑问代词,共13例,其用法有以下两种:

① 有疑而问,询问数量多少

共有7例,可以做定语(5例)和谓语(3例),例如:

(14)却待以多少银绢代之?(燕)

(15)如此当用多少军马则可?(茅)

(16)费用多少?(茅)

(17)众问虏兵多少。(绍)

② 不表疑问,表示数量很多

共有5例,在句中都做定语,例如:

(18)不见得有多少军马。(绍)

(19)某知他吃了人多少言语。(绍)

6. 几

“几”主要也是询问数量的疑问代词,共有9例,它的用法同于“多少”,也有以下两种:

① 有疑而问,根据其所修饰的中心语的不同,分别可以理解为“多少”“哪(一)”等

这样的用法有6例,例如:

(20)如此几年可以成就?(茅)

(21)皇帝今几岁?(绍)

(22)侍郎、团练是几日过天长?(绍)

(23)几日可以往回?(绍)

按,后两例中都有“几日”,但意思不同,例(22)中的“几日”义为“哪一天”,而例(23)的“几日”则是“几天”。

② 指代十以下的某一数量

共有3例,例如:

(24)(阿骨打)顾益等云:“南朝许大事,你几个使人商量了,功绩不小。”(茅)

(25) 说道韩家有几万，岳家有几万，都在淮南，从入界来，何曾见一个？（绍）

7. 几时

这是专门询问时间的疑问代词，义同“何时”，共7例，在句中都做状语，例如：

(26) 不知王侍郎等几时可以到此？（燕）

(27) 却日后干戈几时休得？（采）

第三章 数量词

第一节 数词

数词在《三》中运用得比较普遍，且种类较多，以下就其主要类别的主要用法做一简要的叙述。

基数词最常见的用法是直接附着在所修饰的词语前做定语，个别也有位于动词后做宾语的，例如：

(1) 士卒愿偕行者一十五人。(茅)

(2) 大齐虽号大齐皇帝，然止是本朝一附庸。(绍)

(3) 若有贼马阻节，及承、楚已为盗贼所据，岂可不使某预闻一二？(绍)

还有个别组合数词是做谓语的，例如：

(4) 国相作色曰："已言在前，不须再三。"(山)

序数词用得不多，主要是用"最""首""次""再"等表示，例如：

(5) 却引出第二重门外，面北立。(燕)

(6) 首当缮篱落，次招抚流民，又次当置弓箭手，最后授常胜军田也。(茅)

(7) 目今镇江详闻事宜，大段紧急，决非遣使可以定议，再，今和议本为淮境，今既进兵，百端恳请，终恐无益。(绍)

分数形式在《三》中不多见，和其他典籍一样，表示二分之一通常都用"(一)半"，而"几分之几"的形式仅见以下一例：

(8) 虏至辰时以来，凡再鼓，公举旗挥出海船五分之二，其半向北岸上流，直渡杨林河口。(采)

概数的表示，可以采用专门的数词(详后)，也可以采取数词并列的形式，这里简单讨论后者。数词并列表概数的用例如：

(9) 假如要一两个小县,何不将文字来评会?(燕)

(10) 我国里军人厮杀八九年,受了苦辛不少。(燕)

(11) 约五百余里,皆平坦草莽,绝少居民。每三五里之间,有一二族帐,每族帐不过三五十家。(茅)

(12) 每骑相去五七步,接续不断,两头相望,常及一二十里。(茅)

“一”“二”(或“两”)相合,大都含有“少”义,如上举两例。

并列的两数,大都是相邻数,只有“三”和“五”、“五”和“七”是相隔的。

两数并列,通常是按先小后大的顺序,但个别也有颠倒过来的,这就是“三两”。例如:

(13) (牛)多是宗室国戚人家养三两头牵驾座车子。(靖)

以下,我们对《三》中的主要数词进行讨论。

1. 数

共有40例,表示不确定的数目,常与其他数词配合使用,也可以直接修饰名词、动词等。例如:

(14) 我亦曾听得数年前童贯将兵到边。(燕)

(15) 大金国主阿骨打已亲领兵甲数万。(燕)

“数”与“十”可以有两种搭配形式,即“数十”与“十数”。例如:

(16) 若如此说,即数十年前事,岂可套在誓书中?(燕)

(17) 顷刻间有十数舟达南岸。(采)

“数十”和“十数”与现在的“几十”和“十几”相同。

以上“数”都是单独或与其他数词合做定语,这样的用法有39例,而以下一例中“数”是做状语的:

(18) 阿骨打盖闻我军入燕境已数交锋。(茅)

2. 些

共有10例,以做定语为常(8例),此外也可以做补语(2例)。例如:

(19) 贵国皇帝却道:“须添些物,乃是相顺。”(燕)

(20) 我们过河去后,不止要这些物。(绍)

(21) 你家地土却需割取些来方可。(茅)

(22) 介儒云:"若是急着手脚好商量时,也需较得些。"(茅)

《三》中,没有"一些"的形式,指代某一数目的"这些"有 2 例。

3. 多

共 3 例,用于表时间的"×更"后,表示略多于此的时间,即:

(23) 至都亭驿时约四更多时。(靖)

(24) 比至孳生监,一更多时。(靖)

4. 些少 些小

"些少"是极言其少的概数词,共 3 例,都是做定语的,例如:

(25) 不过是掳掠得些少四外村民。(茅)

(26) 金人国中初定,些少人马在边上怎敢便做许大事!(茅)

"些小"有 3 例,意义和用法与"些少"完全相同,例如:

(27) 若今且把复盟了当,些小人口,足可商量。(燕)

(28) 不过虏掠得近边些小民户。(茅)

5. 余

共 29 例,通常用在数目词的后边,表示略多于此数,例如:

(29) 后来新额,四百余万。(燕)

(30) 约五百余里,皆平坦草莽,绝少居民。(茅)

(31) 某等遂与使臣军兵行二里余。(绍)

"余"与表距离的"里"连用时,有时用在"里"前,有时又在其后,如例(30)(31),其各自的依据是,如果前边的数词是十位以上的,则"余"在"里"前;如前边的是个位数,则"余"在"里"后。

6. 许

仅有 2 例,意义和用法与"馀"完全相同:

(32) 行二里许。(茅)

(33) 伴使相送至五里许。(山)

"许"与它所关联的数词都是隔开的。

"半"是表示"二分之一"义的数词,共有 12 例,在句中可以做定语(9 例)宾语(2 例)和主语(1 例),例如:

(34) 尚不及前项之半。(燕)

(35) 我亦合得一半。(燕)

(36) 半月后望再有使来。(绍)

(37) 公举旗挥出海船五分之二,其半向北岸上流。(采)

第二节 量 词

《三》中的量词不多,尤其是动量词,数量更少。此书为数不多的量词在使用中大致有以下几个特点:

第一,使用范围不广。《三》在很多时候都沿袭古代的形式,由数词与中心语直接组合,构成偏正结构,这样,就使得量词的使用受到很大的限制。

第二,个别量词使用范围较广。这里是指有少数几个量词可以和不同类型的多个词语配合使用,比如“个”,既可用于具体名词,也可用于抽象名词,甚至还可以用于形容词,“只”也可以分别表示箭、靴鞋和船的单位,等等。

第三,有相当数量的量词不与数词结合使用。造成这一现象的主要原因是量词前边的“一”经常不出现,此外还有一些指量结构如“这个”“前件”等。

第四,“数一量一名”的形式很少,“名一数一量”的形式较多。这一点,也与古代汉语中量词的用法一致。

总之,《三》中量词的使用,更多地体现了早期近代汉语的某些特点。

以下,我们对《三》中的量词择要讨论。

一、物量词

1. 个

共 17 例,与数词合用构成数量结构,或与指示代词结合构成指量结构,或直接附在所修饰的中心词上,在句中分别可以做定语(15 例)和宾语(2 例)。例如:

(1) 这个事是天教做，不恁地后，怎生隔着个恁大海便往来得？(燕)

(2) 待教一个会汉语缁译人去做通事。(绍)

(3) 说道韩家有几万，岳家有几万，都在淮南。从入界来，何曾见一个？(绍)

在“个”与数词的组合中，最多见的是“一个”，而“个”前的“一”经常是可以省略的，省略后，意思不变，至于何时省略何时不省，则是比较随意的，因而并无规律可循。我们比较以下二例：

(4) 请特与个赏设，数目多少。(燕)

(5)(宁术割)又言：“士卒取西京劳甚，乞一个赏赐。”(燕)

按，这两例如果换成“与一个赏设”和“乞一个赏赐”，在表达以及其他方面均无任何差别。

“个”的使用范围较广，既可用于人，又可用于物。用于物时，既可用于具体名词，又可用于抽象名词，甚至偶尔还可以用于专有名词以至于形容词。例如：

(6) 好处唯是一个燕京。(燕)

(7) 杨朴谕云：“郎君门意思不肯将平州画断作燕京地分，此高庆裔所见如此，须着个方便。”(燕)

前边谈量词使用的特点时提到，“数－量－名”的形式少，“名－数－量”的形式多，但是“个”是例外，因为我们找到的用例都是“(数)个－名”，没有“名－数－个”的形式。

2. 件

共8例，大都与数词合做宾语的后置数量修饰，也有个别与其他词语合做状语的用例。例如：

(8) 兀室出文字二件。(燕)

(9) 阿骨打遣其弟韶瓦郎君赍貂裘、锦袍、犀带等七件。(茅)

(10) 入对福宁殿，具奏前件语言。(靖)

(11) 皇子郎君教逐件估出价钱。(靖)

“件”的使用范围也比较广，可以用于文书、话语、衣物、珍宝等。

在所有的用例中，没有“数－件－名”的形式。

3. 只

共7例，全部用做宾语的后置数量修饰，没有“数－只－名”的形式。例如：

(12) 各取所佩剩余箭一只。(茅)

(13) 且以贯所赠新履一只为信。(茅)

(14) 有战船三百余只，大小不一，人亦不甚精锐。(绍)

7例中，有2例“只”分别用于箭和鞋，其余的5例都用于舰船。

4. 分

仅2例，同于后来的“份”，只见于“名－数－量”结构中：

(15) 今所携礼物六分。(绍)

(16) 欲乞更加增此私觌两分。(绍)

5. 所

仅1例，用于房宅，取“数－量－名”的形式：

(17) 近来本朝又为于燕山府，用一万贯钱买一所宅子。(绍)

6. 合

“合”是由名词借用的量词，义同“盒”，仅2例，都见于“名－数－量”结构中，例如：

(18) 乌马一匹并银鞍衔一副、将花罗三百匹、赞宁二十匹、香药一合。(山)

7. 副

共4例，其中有3例用于马具，1例用于坐具，只有“名－数－量”的形式，例如：

(19) 阿骨打与其妻大夫人者于炕上设金装交椅二副并坐。(茅)

(20) 白马一匹并银鞍衔一副……上正使侍郎。(山)

8. 头

仅2例，均用于牛，与数词合做宾语，即：

(21) 传语童太师，昨来海上曾许水牛，如今相望甚近，欲觅

十头，令送来。（茅）

(22)（牛）多是宗室国戚人家养三两头牵驾座车子。（靖）

9. 匹

共19例，只用于马匹和布帛，有18例用于“名－数－量”形式或与数词合做宾词，只有1例取“匹马”的形式，大约有一定的习语性。例如：

(23) 白马一匹并银鞍衔一副，将花罗三百匹，香药一合，上正使侍郎。（山）

(24) 兀室遣娄宿鹁堇马五百匹追武州界。（茅）

(25) 乐官以下共赐四百二十匹。（燕）

(26) 可使匹马不回。（茅）

10. 匹两

共2例，本来是两个量词的并列，这一点，通过以下的例子可以看得比较清楚：

(27) 每岁共银绢各二十五万匹两。（绍）

但是，如果换一个角度，把“匹两”看成“复合量词”，似乎也未尝不可，特别是以下的例子，更明显一些：

(28) 今贵朝御笔岁添十万匹两。（绍）

我们趋向于把“匹两”看做复合量词。

二、动量词

1. 回

仅1例，即：

(29) 若一面讲和，又令人来掩不备，如此终恐误事，只恐你江南终被将臣误事，如前回，大兵到汴京，姚平仲劫寨事可见。（山）

按，“前回”即今之“上(一)次”。

2. 次

共14例，与数词或其他词配合使用，在句中做状语或补语。例如：

(30) 此誓书元在阙下，为使人陈乞，已换了两次。(燕)

(31) 今次乃招纳使人。(茅)

(32) 前次奸臣误国。(山)

14 例中，“次”与数词的组合很少，只有 2 例，其他组合分别是“前次”(5 例)、“今次”(4 例)、“累次”(2 例)和“数次”(1 例)。

3. 番

共 11 例，分为两类。

① 动量词

共有 6 例，义同“次”。例如：

(33) 然贵朝每一番来，一事未了，又生一事。(燕)

(34) 不要似前番一般。(燕)

(35) 向时第一番到汴京，皇帝同张邦昌来军前为质。(绍)

② 物量词

共有 5 例，指人的批次，义同“批”，此义由上一义而来，同一次来的人就是同一“批”。它专指使人，在句中做定语，构成“数－番－名”的形式。例如：

(36) 今日分差两番使人前来，以道志诚悔悟之意。(山)

(37) 此已别差一番使人入去。(靖)

以下一例与上两例有所不同：

(38) 盖前次邵侍郎等一番奉使到来……(山)

按，此例中的“一番”后可以补出一个“人”之类的中心语，因为前边有“邵侍郎等”，所以后边的位置才空缺。

4. 遭

仅 1 例，义同“回”“次”，在句中做补语：

(39) 主人曰：“汝能如此渡，甚好。更为我渡一遭，我欲观之。”(采)

第四章　副　词

第一节　程度副词

程度副词所表示的程度，主要可以分为强弱两个等级，以下分别讨论。

一、强度

1. 最

共有 8 例，分别用于形容词前（3 例）、动词前（4 例）和方位名词前（1 例），意思与今相同。

我们先来看用于形容词前的例子：

（1）此最大事，一也。（燕）

（2）计议山后，马扩力最多。（茅）

（3）宁术割系是北朝皇帝最亲任听干的近上的大臣，权最重，见知军国重事，复充西路等处都统使。（燕）

按，此例中有两个“最”，分别用于动词和形容词的前边。

以下是用于动词前的例子：

（4）西京管下，为恐妨收捉阿适道路，所有蔚、应、朔三州，最近于南界，将来举兵，欲先取此三州，其余西京、归化、奉圣等州，候拿了阿适回日然后交割。（燕）

按，此例中的“近”应按动词来理解，“最近于南界”意为“最靠近南部的边界”。

（5）且兵家用间，最为下策。（茅）

（6）我国中最乐无如打围。（茅）

以下一例中的“最”用于方位名词的前边：

(7) 首当缮篱落,次招抚流民,又次当置弓箭手,最后授常胜军田也。(茅)

与今天一样,这里的“后”已不再表示方位或处所,而是表示次序的。

除以上的用例外,另有一例“最”用为名词,下面附带列出:

(8) 边固则土疆可守,人心自然安处,易于安抚,此缮篱落乃为最也。(茅)

2. 煞 煞是

“煞”共31例,用法比较复杂,分别可以用于动词、形容词、助动词和词组的前边。“煞”的意义也比较复杂,有些与今之“很”“非常”相当,有些则必须另做他解。以下我们分别来看。

① 用于动词前

共有16例,例如:

(9) 我如今煞是大皇帝。(燕)

(10) 今来所计议事节,与自家上京时说底话煞别也。(燕)

(11) 西京地土据诸郎君与臣下议,言当初得西京时,围攻四十日,军人死伤无数,不易得来,不若与河西家,却煞得进奉。(茅)

(12) 禁中却煞有珠玉等。(靖)

(13) 本朝今则煞有忠义之士辅佐今圣,与昔日事体不同。(山)

(14) 我自去年煞做无道理事,至今日,饶我也由你辈,杀我也由你辈。(采)

16例中,“煞”用于“有”前的有6例,用于判断词“是”前的有4例。在理解时,有些“煞”相当于今之“很”或“非常”,但它们实际上不是修饰动词,而是表示动词的宾语数量之多的,即它们的显性语法关系与隐性的语义关系是不一致的,如“煞做无道理事”是说做了很多无道理的事,“煞得进奉”是说得到很多进奉;“煞有”也是如此,如“煞有珠玉等”是说有很多珠玉等。另有一些“煞”却不能理解为“很”等,可以根据上下文灵活地理解为“的确”“确实”“根本”等,如“煞别”“煞是"等。

② 用于形容词前

共有12例,大都用于单个的形容词前,个别也有用于并列的形容性词组前的。例如:

(15) 契丹煞大国土,被我杀败。(燕)

(16) 况自来与契丹五十万银绢,皇帝圣意甚厚,欲成交好,尽数许了,已是煞多。(燕)

(17) 皇帝如此爱民,煞好。(绍)

以上是用于单个形容词之前的用例,以下一例"煞"用于并列的形容性词组前:

(18) 此番使副煞忠梗聪明,只是所议不肯说尽话。(山)

③ 用于助动词前

仅1例:

(19) 闻教谕兵书及第,莫煞会弓马否?(茅)

按,此例中的"煞会"与今之"很会"大致相当。

④ 用于词组前

共有2例。其实用于词组前的还有个别用例,如例(18),但与此处的不同。这里的词组是谓词性的偏正词组,具体说,是由否定副词"不"与动词或形容词构成的词组:

(20) 珠玉煞不少,尽在宣和殿,可同过去看。(靖)

(21) 李成煞是粗人,不成人物,元帅煞不喜他。(绍)

"煞是"用法同于"煞",意思大致相当于"很是"或"真是",共有2例:

(22) 大国丞相煞是知人。(绍)

(23) 相别后煞是思念,冬寒,保重。(绍)

程度副词"煞"的使用,有以下几个特点:

第一,使用范围比较广,能够修饰的词语类型也比较多,含义也较丰富;

第二,只做状语,不做补语;

第三,全部用例都见于对话中,且几乎都由女真人说出。这一点很有意思，查“煞”并不是女真词，早在敦煌变文中就有用例，而宋代的用例就更多了，本书的作者们显然是把它作为一个区别身份的词来使用了。应该说，这样的区别性特征并非绝无仅有，比如我们在代词一章中提到过的词缀“家”，性质就与此相同。

3. 太

与今义同，仅 1 例：

(24) 金人使赍御押地图来，宣言令童太师、蔡相公拜受。童蔡惶惧，问如何处置，扩往谓之曰：“若论御押，一如本朝御笔，前此累有御笔，何尝使粘罕以下郎君拜受？此太过当。”金人无对，遂许不拜。（茅）

4. 好

用法意义与今相同，仅 1 例：

(25) 望之云：“太师开许大口，又似以何为界，好难商量。”（靖）

5. 大段

共 3 例，也是表程度之高的，与今之“很”大致相当：

(26) 书榜中语言大段狂悖，多是指斥，不通商量，安敢进呈？（茅）

(27) 夜来天气大段寒了，未知中原如何？（山）

(28) 目今镇江详闻事宜，大段紧急，决非遣使可以定议。（采）

6. 极　极是

“极”共 10 例，义同今之“极其”“特别”等，只用于动词或形容词前做状语，不做补语。例如：

(29) 来时主上丁宁极留意。（燕）

(30) 马扩归之次日，代州关报金国元帅府差使副撒卢拇、王介儒来，宣抚司差机宜朱彦通及仆充馆伴，出所赍军书，说纳张觉渝盟等事，及传粘罕已兴兵，意极不逊。（茅）

(31) （皇子郎君）前见高观察所执笏，借去看，极爱。（靖）

(32) 大河须极寒方冻。（山）

(33) 此人极纯实可爱，遂以至诚相待。(绍)

“极是”同于“极”，仅1例：

(34) 见一人作燕人装束，向某等说话，云是济州人，姓潘，旧在学校与李邺极是相熟。(绍)

二、弱度

1. 稍

共7例，义同今之“稍微”。例如：

(1) 傥稍加总统，尽系死战之士。(茅)

(2) 若稍迟缓，罪有所归。(绍)

(3) 急限半月，稍缓二十日。(绍)

(4) 贼兵已稍希，虏至辰时以来，凡再鼓。(采)

2. 约略

与“稍”相同，“稍微”“略微”之意，仅1例：

(5) 逐旋抬过珠玉来，耶律忠云：“皇子郎君教逐件估出价钱。”望之云：“此皆稀世之宝，凡目所未睹，如何估得价值？”有一归朝官向望之前附耳云：“估价是好意，侍郎高估价不妨。”望之遂逐件约略高估价钱，通计价钱百万缗。(靖)

第二节 范围副词

一、总括

1. 都

共20例，与今天的意义和用法基本相同。例如：

(1) 所言都好，但蔚、应州亦恐阿适走去，彼处候我家兵马到日来商量。(燕)

(2) 若是和燕京、西京、平、滦州都要后，方许契丹旧日银绢之数，如此则空费往来，和合不得。(燕)

(3) 如此三五事，都不及和议。(靖)

(4) 元帅教将札子去，都是元帅自道底言语，更无文采。(绍)

以上用例都是涉前的，即是总括前边的事物的，这样的用例有18个，另有2例中的“都”是涉后的，即总括后边的事物的：

(5) 待你败时，多与银绢，我败时，都不要一两一匹，不知如何？(燕)

(6) 西京州城已蒙见许，既是与了地土，岂有不与人户之理？如只空得田地，都无人户，怎生做得？(燕)

2. 全

共有8例，按其表义的差别，可以分为以下两小类。

① 表示“全部”义

共有4例，即：

(7) 契丹无道，我已杀败，应系契丹州域全是我家田地。(燕)

(8) 倘女真必欲割留平、滦、营三州，不全归燕地，则宜各守所得，彼得燕山，使守燕山，我得涿、易，即守涿、易。(茅)

(9) 若且听金人奉圣州之约，止割燕京六州二十四县，全与契丹旧币，姑苟目前之利，徐为善后之计，是为下策。(茅)

(10) 庙论欲遣成闵，全遣禁卫兵，御襄汉上流。(采)

“全”在句中可以是涉前的，如例(7)，也可以是涉后的，如后三例。

② 表示“完全”义

也有4例，即：

(11) 何得自示懦弱，尽露腹心，倾身倚以为助，全藉彼兵，真许之入关？(茅)

(12) 然而见入贼马不多，全在大王乘机应变，力为措画御捍。(茅)

(13) 待不信来，又怎生全不信得？(绍)

(14) 正是会期，全似郦食其事。(绍)

以上两类“全”表义区别的形成，主要在于所修饰对象的不同：如果被修饰者是“可数”的，大致就是“全部”义，反之则是“完全”义。当然，这只是一般的情况，也有不是这样子的，如例(11)，它后边的宾语虽然是可数的“兵”，但由上下文来看，理解成“完全”更顺畅一些。

3. 并

共18例，按其表意的差别也可以分为两类。

① 表“全、都”义

这类用例有13个，例如：

(15) 兼沙漠之间，系是鞑靼蒯古子地分，此两国君长并已降拜了本国，待走那里去？(燕)

(16) 自此每盏并系汉儿宰相及左右亲近郎君跪进，又将国君自食者饮食分赐。(茅)

(17) 皇帝已议定，更不须理会课程税赋多寡，但只要贵朝除与契丹岁币外，每岁添一百万贯，并依估定价折作绫锦……等物。(茅)

(18) 河内有粮船百只，并是东京板挂七百料船。(绍)

② 表示“一同、一并”义

共有5例，例如：

(19) 仍以质留刘亮等六人及因风吹逐刀渔船於立等兵级二十人，并交付良嗣还朝。(燕)

(20) 良嗣遂并出御札二纸，具道主上圣意，欲得相就和好也。(茅)

(21) 或闻欲与别家，何若并还南朝，使得故地，亦见交欢诚意？(茅)

(22) (某等)见老幼辎重并出向西去。(绍)

4. 通

共2例，义同今之“共”“总共”：

(23) 更以五万缗充犒设，通用四十万缗，一月可以就绪。(茅)

(24) 望之遂逐件约略高估价钱，通计价钱百万缗。(靖)

5. 一概

共 3 例，意为一律、无例外：

(25) 似此只是自强底话，如不夹攻，契丹以应、朔旧汉地归本朝，何名可得银绢等，郎君等未可一向自强，一概轻易汉人。(燕)

(26) 若一概言之，徒苦往来。(燕)

(27) 然而武有兼深文墨，文有精晓兵务者，初不一概言也。(茅)

二、共同

1. 同　一同　共同　同共

“同”共 29 例，表示不同的主体共同发出某一动作，同于今之“一同”“一起”。例如：

(1) 良嗣等辞讫，留马扩，遣良嗣及使人同来。(燕)

(2) 差秘书王介儒、都官王仲孙赍回书，同往雄州宣抚司。(茅)

(3) 兵部尚书路允迪来传语，约同到都堂问子细。(靖)

(4) 你们却是先来称讲和，暗地同来算害我。(绍)

另有 1 例表义与上引用例不同：

(5) 十九日上命叶枢密督视江淮军马，同命虞候参谋军事。(采)

按，此例中的“同”表示同时发出的另一动作，大致相当于今之“同时”。

“一同”“共同”“同共”各有 1 例，意义与“同”相同：

(6) 今燕京已了，若将西京一同割还，乃是契义。(茅)

(7) 在朝廷则坚守和议之约，候姚古到来，兵势益盛，共同商量。(靖)

(8) 却过福宁殿，令梁师成专管津般赴军前，令棁与望之同共管押前去。(靖)

2. 一齐

共 4 例，大都表示对不同的对象实施同一动作：

(9) 我皇帝从上京到了,必不与契丹讲和。昨来再过上京,把契丹墓坟、宫室、庙像一齐烧了。(燕)

(10) 何似把人民一齐许了,做个人情也是完备。(燕)

(11) 珠玉待尽般在宣和殿,一齐将去。(靖)

以下一例表示的是不同的主体发出同一动作:

(12) 少顷,一骑前来,令绘等一齐上马,联骑往天长去。(绍)

3. 一就

仅1例,表示把不同的事情合在一起处理,同于今之"一并":

(13) 西京及平、滦三州地土不多,可一就议定。(燕)

4. 一发

仅1例,用法及意义同于"一就":

(14) 你们来讲和,煞是好公事,不如一发了却。(绍)

5. 一道

仅2例,意义用法同于"一就""一发":

(15) 今平州又不肯商量,唯有西京,一道许了。(燕)

(16) 况兵乱之后,所在残破,些少人户,一道许了甚好。(燕)

三、限定

1. 止

共29例,表示人、事物或动作行为等的限度或范围,与今之"只"相当。例如:

(1) 元约山前山后十七州,今止言燕京六州二十四县,昨日言西京,今又不及,何也?(燕)

(2) 我闻南朝人止会文章,不会武艺,果如何?(茅)

(3) 大齐虽号大齐皇帝,然止是本朝一附庸,指挥使令无不如意。(绍)

(4) 是时,江船既止有战舰二十四只,相继李显忠所遣船亦至。(采)

以上是“止”用于动词前的例子，以下各例中的“止”则是用于介词前的：

(5) 西京地本不要，止为去拿阿适须索一到。(燕)

(6) 止以事目一纸付良嗣回，约女真兵自平州松林趋古北口，南朝兵自雄州趋白沟夹攻。(燕)

(7) 某等遂止以大金表授之。(绍)

(8) 出蜀口，出荆襄，止以兵相持。(采)

本书中“止”用于介词前的仅此4例，“止”所限定的大都是整个介词结构，如前3例；但是，也有限定整个动词性词组的，如例(8)。

2. 止是

共10例，相当于今之“只”“只是”“只有”等。例如：

(9) 今药师之众，止是三万余人，多是军马武勇。(茅)

(10) 今燕京诸处皆无军马，止是四军大王有部曲二百余骑。(茅)

(11) 某等所奉圣旨止是如此，不敢虚诳。(山)

(12) 前来蒙丞相惠书，止是说淮南不得屯驻军马，即不曾见说占据之事。(绍)

(13) 今来节次承受省札，止是催促行程，不问道路通塞，合作如何处置。(绍)

3. 只

共77例，用法与今之“只”基本相同，主要有以下三类：

① 用于动词前，对动作进行限定

这样的用例最多，共有61例。例如：

(14) 郎君等只见契丹之弱，乃自以为强。(燕)

(15) 契丹国土十分我已取其九，只有燕京一分地土。(茅)

(16) 今来既是大国之兵，必不敢妄动，兼使人此来，一心只望和议早定。(绍)

(17) 我闻王节使在淮西每日只打锣不打鼓。(采)

② 用于介词前，对介词结构进行限定

共有11例，如：

(18) 却留我使人,一住半年,滞了军期,更不遣回使,只将空书,令军人送过海来,已是断绝之意。(燕)

(19) 只为贵朝失道理,所以致得如此。(茅)

(20) 枢密且坐,只与侍郎去交割。(靖)

(21) 我这里只用仁义行兵。(绍)

③ 用于名词性词语前,对数量进行限定

这里的名词性词语包括名词性词组、数量结构和数词等,共有 6 例:

(22) 燕地褊狭,岂有元约额只四十万贯,后来便顿增许多?(燕)

(23) 契丹时燕京不属南朝,犹自与五十万,如今与了燕京,如何只三十万?(燕)

(24) 此盏只碾作工价几千缗。(靖)

(25) 三五百万不为不多,然国家常赋外只茶盐钱岁收二千五百万,若无他费,办集有余。(靖)

(26) 只此数,将来已不易出,须减百官俸,多方收簇,如何办?(绍)

副词"止"直接附于名词性词组,以限定数量,如"待使人止此回矣"(茅),其用法与以上 5 例完全相同。理解时,我们可以按"只有"、"只是"等来进行。

4. 只是

共 8 例,与"只"同,都是对动作行为进行限定的。例如:

(27) 两朝所系利害甚重,况两日只是理会誓书一事,如今且把复盟了当,些小人口,足可商量。(燕)

(28) 本朝累次追取,只是虚行文移,夸托幅员万里,国富民众。(茅)

(29) 元帅国相军马自河东路入,二太子军马自燕京路入,更不杀戮人民,只是传檄抚定。(茅)

(30) 译者云:"我这里军马,你们想亦见,莫只是来窥探虚实否?"(绍)

5. 不过　不过是

“不过”表示对动作及其范围的限定，仅1例：

(31) 若朝廷省悟，略行更改，怎容易近得？不过虏得近边些小民户，却日后干戈几时定得？(茅)

“不过是”，用法意义与“不过”同，仅1例：

(32) 兼河东、河北州城坚固，军民皆习战斗，若有仓卒，众必据城坚守，如何容易间便攻打破得？不过是掳掠得些少四外村民，纵有所得，则利入军人手，傥有所失，则害在国家。(茅)

6. 但只

是表限止的“但”与“只”二词的同义连文，共2例：

(33) 但只猜度，恐舟船海中阻风，或别失误，故不待报来，遂急举兵。(茅)

(34) 皇帝已议定，更不须理会课程税赋多寡，但只要贵朝除与契丹岁币外，每岁添一百万贯。(茅)

7. 直

同于“只”，共2例：

(35) 幕属往往顿足抵掌切齿而怒，盖诸公方以契丹为复盛，如仆所言，直易耳。(茅)

(36) 今日更不论和与守，直问战当如何。(采)

四、扩大

所谓扩大，指的是在已指明的范围之外的，即在某一基础之上又有什么或发生了什么。

1. 更

共88例，按其表义及作用的差别，大致可以分为以下几类。

① 相当于今之“再”者

这样的用例最多，共有54例，都是表示未然的。例如：

(1) 我已言定岁添一百万贯，一字不依，更休来商量，便请发常胜军来，及出涿、易州兵马后来，别讲通和礼数。(茅)

按，此例中“更休来商量”即“再休来商量”或“休再来商量”，以下各例均可作如是观。

(2) 若将他亲王过去,万一感风露之疾不起,以人情言之,在贵朝亦不得不悔,不成更要一亲王去也?(靖)

(3) 某等与王侍郎等同日出国门,某等兼程先来,计王侍郎等今方到磁、相间,更数日可以到此。(山)

按,此例中副词"更"直接附于名词性词语前,这样的形式只有2例,且都出于本文中一人之口。汉语中,个别副词可以直接与名词及名词性词语组合,前边就谈过"只三十万"之类的形式,与此例正相同。这样的形式在理解时,往往可以补上一个相应的动词,如此例就可以理解为"再过数日"。

(4) 上曰:"卿等此行,切不须与虏人计较言语。卑辞厚礼,朕且不惮,如岁币、岁贡之类不须较。更为说宇文虚中久在金国,渠有父母,日望渠归。见粘罕可说与,教早放还。更说襄阳诸郡皆故地,只因李成侵犯不已,遂命岳飞收复。"(绍)

这类用法中,"更"与否定词组合的形式特别多:"更不"有26例,"更无"有5例,另有2例"更别无"。"更不"的用例如:

(5) 百寮军人等都不肯许西京,惟是皇帝要与贵朝永远交好,特与西京地土并民户,更不欲逐年要物。(燕)

(6) 事已决定,更无移改,请使副安排来日朝见,即便朝辞,本朝更不差回使也。(茅)

(7) 昨已差使往汴京,会以黄河为界,三镇事更不须议。(山)

(8) 今日更不论和与守,直问战当如何。(采)

这类用例中的"更"仍为"再"义,"更不"可以理解为"不再""不……再",如例(8)"更不论"即"不再论",例(7)"更不须"即"不须再"。"更无"的用例例(6)中已有一个,再如:

(9) 如便更添得来,折当些小物,必做难易,不若都休,更无商量。(燕)

(10) 你家更无人可使,只委内官。(茅)

(11) 如贵朝言定山后,更别无经略,及至先交了蔚州,却纵

兵马取夺。(茅)

这里的“无”有两种词性：一为否定副词，二为动词，前者如例(6)(9)，此时“更无”同于“更不”，所以也要按“不再”来理解；后者如例(10)(11)，“更无”即“再没有”。

另外，还有少数与此不同的“更不”“更无”的用例：

(12) 元帅国相军马自河东路入，二太子军马自燕京路入，更不杀戮人民，只是传檄抚定。(茅)

(13) 此必大国之意也，如使副不许借路过关，赵诩不许汉人归女真，其意一同，若不是衹重贵朝皇帝御笔亲写来，更无好说话也。(燕)

以上两例中，后一例中的“更”可以理解为表示比较义，与今义相同，这是所有的用例中极少可以如此理解的用例之一；前一例中的“更”似乎只可看做起强调作用的副词，这一点，也可以由与下文中“只”的比较中看出。关于表示各种语气的“更”，我们在下文还要专门谈。

② 相当于今之“又”者

共12例，都是表示相继发生的动作或动作的累积(即在某一或某些动作行为的基础上进一步发生的动作行为)。例如：

(14) 却留我使人，一住半年，滞了军期，更不遣回使，只将空书，令军人送过海来，已是断绝之意。(燕)

(15) 二十万之数，尚不及前项之半，更要西京，如何了得？(燕)

(16) 西京地土亦是不少，已与地土，又要人民，更道本国贪财，莫不相应么？(燕)

按，以上两例中的“更要西京”与“又要人民”正可比较。可以与“又要人民”比较的还有以下一例：

(17) 与了地，更要人户，却待著个甚么道理？(燕)

(18) 今若合太原府路军民兵义勇、胆勇、义胜等军，须有数万人，我近已令发胆勇人马上边，更令李嗣本于代州近城踏屯十万人寨地，昨又曾摆阵耀兵，莫他闻得如此声势，亦未轻易入来

也。(茅)

③ 相当于今之“(此外、另外)还”者

这样的例子相对较少,只有 6 例,均表示叠加。例如:

(19) 吴孝民云:“……如今来南朝,只似买卖也似。”望之问:“买卖之说如何?”孝民云:“要割大河为界,更要犒军金帛。”(靖)

按,此例中“更要犒军金帛”即谓除了“要割大河为界”外,另外还“要犒军金帛”,以下各例也均应作如是观。

(20) 国相令译语官二人前来,云:“国相传语使副,承远来,无以为谢……香药一盒,上使副观察。更有酒一百瓶,钱二百贯,犒设一行官吏。”(山)

(21) 虏已压境,此行似不可缓,仍命刘开府相与应援,以破逆贼三不救之说。将怒兵奋,虏气自慑。更望朝廷勉励诸将,以安危存亡在此一举,使其率厉士卒争先鼓勇。(绍)

(22) 译者云:“使臣所说,更有甚传语?”某等云:“尽在国书中。”(绍)

④ 表示语气

共有 17 例,按其所表语气的不同,可以分为以下三小类:

A. 表示反问语气

这类用例较多,共有 9 例,都是用于反问句中,协助表示反问的语气,大致可以译为“还”。例如:

(23)许大天犹自不怕,更要誓书则甚?(燕)

按,“更要誓书则甚”意即“还要誓书干什么”。

(24) 军马已起,更商量甚的?(茅)

按,此例如果改用一般的否定形式,则为:

(25) 兵已起,更不须商量。(茅)

(26) 况今日既荷大国许和,莫非至诚恳请,尚恐不蒙听从,更岂可不任诚信?(绍)

(27) 江南别无他意,许立和议,实为感幸,岂肯更敢虚诈不实及胡乱杀戮?(绍)

B. 表示祈使语气

这一类“更”用于祈使句中，使得祈使的语气变得比较委婉，也可以译为现代汉语的“还”。这样的“更”共有 4 例：

(28) 介儒云：“四军大王在白沟，令勒留南使。”是夕宿外驿。介儒云：“恐见四军更须婉顺。此行危险，不易至此，无犯虎狼之怒，则事济而身全。”(茅)

按，此例中的“更须婉顺”我们是按“还要婉顺”来理解的，我们之所以不把“更”理解为“更加”，主要基于以下两点考虑：第一，“更加”义在本书中极为罕用，比较可靠的大概只有两例，而此例却可以不这样理解；第二，“更加”义是用于表比较或递进的，它的使用必须要有一个基础，作为比较或递进的起点，而这里却没有这样的起点。

(29) 某等所奉圣旨止是如此，不敢虚诳，更幸太师、尚书因见国相，再为禀知。(山)

(30) 若水曰：“纵使某等归去，将何面目敢见本朝皇帝？纵见，将何以为词？更望国相元帅曲全两国之美。”(绍)

(31) 某等云：“既是大国许从和议，亦须是使江南可以从者。若大国故为难从之说，则江南何以自处？更望少监宛转相成，阴德非细。”(绍)

C. 表示强调语气

这样的用例很少，仅有 2 例，前边例(12)中“更不杀戮人民”算一例，另一例是：

(32)元帅教将札子去，都是元帅自道底言语，更无文采。(绍)

按，我们很难用现代的哪个词来准确地对译这里的“更”，但是却可以体味到它的强调意味。

前边例(13)举过一个表示“更加”义的例子，类似的用例还有一个，即：

(33) 大抵地土重于人民，地土已许了，更和人民要，更别无酬答，更无致谢，怎生了得？(燕)

按，我们对此句的理解是：地土已许了，又连人民也要，又没酬答，更没有致谢，怎么可以呢？

2. 又

共177例，按其用法和表义功能的不同，可以分为三类。

① 表示动作相继

这往往与时间因素有关，即通常是指在某一时段之内，后于某一动作行为出现的另一动作行为，或者是重复出现的某一动作行为。这样的用例共有96例。如：

(34) 又一閤门官引某等面北立，先五拜，搢笏舞蹈，不离位，奏圣躬万福。又两拜。閤门官引益少进，躬身致辞，复位，又五拜，舞蹈如前。遣使问某等官远来不易，又五拜，舞蹈如前。(燕)

(35) 差张璩充大使，差马扩充副使，至燕山，又进至蓟州，接见大使富莫古、副使李简。(茅)

(36) 然连日被受省札催促，令执宿州牒，于前路阻节处照验前去，又令淮东安抚司召募使臣说谕承、楚州，令放过奉使。(绍)

(37) 虏才与南兵相接，王权退，自安丰至合淝，又退至柘皋，而中军已退至濡须。(采)

我们把用于排序的"又"也归入此类：

(38) 首当缮篱落，次招抚流民，又次当置弓箭手，最后授常胜军田也。(茅)

② 表示动作等的积累

这一类与上一类差别并不很大，它只是一般不含时间的因素，单纯表示几个动作、状态或情况等积累在一起。这类用法共有72例，如：

(39)（萧）干当此之际，所领兵不多，又料药师即叛，恕其不从，虑祸及身，遽起启钥而去。(燕)

(40) 譬如有人买绢一匹，索价三贯文，买者酬二贯五六百文，又添一二百，遂成交易，如此谓之买卖。(靖)

(41) 若一面讲和，又令人来掩不备，如此终恐误事，只恐你

江南终被将臣误事，如前回，大兵到汴京，姚平仲劫寨事可见。（绍）

(42) 今采石虏既吃手脚，必不敢窥伺，又兼长江边岸分屯防御甚多，其实紧要不过数处，都统能任其责辍一处兵马应付如何？（采）

③ 表示语气

共有 9 例，其中以加强反问语气者为多，例如：

(43) 且仆捐亲爱，入不测之虏，实以国家安危存亡所系，又肯从诸公教语，不对以实，致误军国大事乎？（茅）

(44) 今宣司已退沮，又岂可以我之腹心尽露与外夷？（茅）

(45) 本朝若顾惜，又岂肯以三镇租赋奉贵朝也。（山）

(46) 若水曰："某等虽不才，然被君命远来议和，若非诚信，岂能定事？又奚敢罔国相也。愿国相少待。"（山）

此外，还有个别表示其他语气的用例：

(47) 今平州又不肯商量，唯有西京，一道许了。（燕）

(48) 恰似人家养个义儿，却赌钱吃酒，待赶了，又赶去那里？（绍）

以上两例中，前一例中的"又"大致是加强否定的语气，而后一例则是加强疑问语气。

3. 再

共 49 例，其中有相当一部分保留了古义，即两次或第二次义，但也有不少已经和今天的意义相同了，大约有一半的"再"可以按今义来理解。

以下用例基本可以肯定与今相同：

(49) 据靖所见，先将燕京六州二十四县为定，岁交契丹银绢之数，其平、滦等州别作一头项再觅去，或肯时亦未可知。（燕）

(50) 后来所以只言燕京事，今更不须再言也。（燕）

(51) 第四日早，若水等再见国相……第五日早，若水等再见国相，方欲起言和议，国相遽约若水等坐。（山）

(52) 自是再至中堂,赵必以督府事忙为辞。(绍)

比如例(51),如果"第四日早"的"再"还可以按古义理解的话,那么"第五日早"的"再"无论如何也是今义了。

五、类同

1. 也

表示类同的"也"本书中很少,因为相同的意思通常是用"亦"来表示的。我们所见到的表类同的"也"仅 2 例:

(1) 良嗣问阿骨打:"燕京一带旧汉地、汉州则并西京是也。"阿骨打云:"西京地本不要,止为去拿阿适须索一到。若拿了阿适,也待与南朝。"(燕)

(2) 众曰:"我们也要战,但无人主此事。"(采)

本书中"也"稍微多见的用法是表示语气的,具体说都是表示委婉语气的,共有 8 例。

例如:

(3) 我自去年煞做无道理事,至今日,饶我也由你辈,杀我也由你辈,不若早早下手。(采)

(4) 何似把人民一齐许了,做个人情也是完备。(燕)

(5) "……两国方以义理通好,将来本朝取了燕京,却要系官钱物,此无义理,可便除去。"……粘罕云:"所言都好,但蔚、应州亦恐阿适走去,彼处候我家兵马到日商量。所要系官钱物,曾思量来,也系不是,便待除去。"(燕)

(6) (童)贯亦复善待之,答云:"许大国事且须商量,何故便有此事?"撒卢拇云:"军马已起,更商量甚的?"介儒云:"若是急著手脚好商量时,也须较得些。"(茅)

(7) 你说得也煞好,只是你南家说话多生捎空。(茅)

(8) 译者云:"大金皇帝表留下,其余文字将去。物录中物不用得。如今厮杀后,若我们败时,物也做主不得。我们过河去后,不止要这些物。"(绍)

六、各别

1. 各

表示某一范围内的每一个个体都做出同样的动作行为，大致相当于今之“每人都……”，共30例，如：

(1) 信誓事须要便了，此所系万年永远，须是各说得重则好。(燕)

(2) 率诸酋至，各取所佩剩箭一只，掷占远近，各随所占，左右上马放围。(茅)

(3) 自过嫔辰州、东京以北，绝少麦面，每日各以射到禽兽荐饭，食毕上马。(茅)

(4) 兼贵朝收了燕山逃去职官，誓书所载，各不得收纳叛亡，贵朝已先失约，山后地土虽系所许，难以便行交割。(茅)

(5) 良臣与绘各为轻装，选使臣军兵十九人，至西津渡江。(绍)

2. 各自

基本与“各”相同，共3例：

(6) 若蒙俞允，便告示及一的确日期，各自安抚边民。(茅)

(7) 枢密、侍郎瞒各自尽忠尽节为国家，说得甚是。(靖)

(8) 皇帝遣来奉使，欲要讲和罢兵，且各自休息。(绍)

七、另外

1. 别

表示在某一范围之外的动作行为等，与今之“另”“另外”同，共28例，如：

(1) 已得圣旨，便将西京画断，别作一项。(燕)

(2) 今既不得平、滦、营三州，又失榆、松亭二关，每岁别增一百万缗，耗竭中国，当自此始。(茅)

(3) 若只为犒军金银，此已别差一番使人入去，便不须相见。(靖)

(4) 国书外莫别有议者事否?(山)

(5) 使人所以留滞,别无他意,但为等候左元帅相见,当面议定,方得遣回。(绍)

第三节 时间副词

时间副词是表示时间和频率的副词。本节中,我们主要讨论以下几类时间副词。

一、过去

1. 本

共26例,基本表示由过去到现在一直如此,与今之"本来"相当,大都用于动词或动词性词语前(20例),另外也有用于名词性词语前的(6例)。

我们先看用于动词前的例子:

(1) 大抵以燕京一带本是旧汉地,欲相约夹攻契丹,使女真取中京,本朝取燕京一带。(燕)

(2) 某本不欲理会西京事,公必欲为言,必连山前事坏了。(茅)

(3) 如平、滦、营三州,本不属燕京所管,非奉圣州已许事,不须道也。(茅)

(4) 今和议本为淮境,今既进兵,百端恳请,终恐无益。(绍)

以下是"本"用于名词性词语前的例子:

(5) 平营本燕京地,自是属燕京地分。(燕)

(6) 于是差使副以攻破上京俘获盐铁使苏寿吉来献,其意以为既以燕地割隶中朝,以寿吉本燕人,故献之。(燕)

(7) 平、滦本燕地,以限榆关,则平、滦州已在燕京之内矣。(燕)

(8) 女真本一小国,初以人马强盛之势尽灭契丹。(靖)

这一类句子都是判断句，只是略掉了判断词，这一点，与例(1)比较就很清楚了。下边我们再比较两个句子：

(9) 古北、居庸本是奚地，自合本朝占据。(燕)

(10) 古北、松亭关本奚家族帐，自本国为主。(燕)

以上用例都是表示原本如此，现在仍然如此的，而以下用例则表示原本如此，现在或后来却不如此了，这样的例子不太多，共有4例：

(11) 本待断绝，恐两家不好，据今来地，尽在国书中，若一一从得便好，如不从便休来商量。(燕)

按，此例言本来要断绝，但是并未断绝，下面的例子也是如此。

(12) 为税赋事不相合，本要止绝，数年逾海通好，且欲相成就。(燕)

(13) 本约到西京以兵相应，却为牛疫死且回，候来年约日同举。(燕)

(14) 本期二月六日举事，盖阴阳家言是日利行师。而姚平仲先期于二月一日举兵。(靖)

此外，“本”还有表示肯定语气的用法，以下附带列出：

(15) 税赋一事，即非元约，又非近所计议，本难相从。(燕)

(16) 马宣赞之意无它，盖以谓本朝与契丹曾厮杀，后来讲和，未若自家两家本无相争，便通交好，万世所无，乃是好事。(燕)

按，以上两例中的“本”大致可以按“根本”来理解。

2. 自来

共11例，表示对一个时间过程的追溯，与今之“从来”“向来”大致相当，既可用于句首(7例)，也可用于主语之后(3例)，以下我们分别来看。

“自来”用于句首(前边也可以有别的虚词)的例子如：

(17) 况自来与契丹五十万银绢，皇帝圣意甚厚，欲成交好，尽数许了，已是煞多。(燕)

(18) 自来国书，止是司分人修写，拘于体例，自无惹笔，今系主上亲御翰墨，是尊崇大国之意。(燕)

(19) 若非念自来邻国契好，即分兵数道，整阵齐入，不识贵朝何以御之？（茅）

(20) 自来使人往还国书中兼使人口授，并不闻有此议。（绍）

以下是“自来”用于主语后的例子：

(21) 本朝自来每事相就，无不曲尽至诚。（燕）

(22) 朝廷自来只倚道与金国讲好，以燕山为藩蓠，内郡及都城不为战守备。（靖）

以下一例与上引各例不同：

(23) 今大国兵威如此，自来所知，何待探刺而后知也？（绍）

按，“所知”通常只能分析为“所字结构”，是名词性的，那么，此例中的“自来”就是直接附着在名词性词组前的了，“自来所知”大致意为“本来（早就）知道的”。

3. 元

“元”与“原”同，因为到元代才改“原来”义的“元”为“原”，所以作于宋代的本书中自然不会有相同用法的“原”。“元”表示过去发生的动作行为，相当于今之“原来”，共9例。例如：

(24) 元奉密旨令面议，别不曾赍文字前去。（燕）

(25) 元议割还燕地，若燕京不得，即西京亦不要。（茅）

(26) 试问药师，其马堪与不堪，与元抛数足不足，即见得城内有马不多。（靖）

(27) 此人元在自家军中，煞是好人。（绍）

以上是“元”直接修饰动词的例子，以下例句中，“元”是位于动词性偏正词组之前的：

(28) 契丹旧酋元未曾捉得，亦未杀了，又闻契丹旧酋走入夏国，借得人马，过黄河，夺了西京以西州、军，占了地土不少。（燕）

按，此例中，“元”是修饰“未曾捉得”的。

4. 当时

共 9 例，都是表示过去的某一时间的，用“当时”的多为无主句(6 例)，在有主语的句子中，“当时”既可用于主语前(1 例)，也可用于主语后(2 例)。例如：

(29) 又当时种师道、杨可世皆失利于白沟，方奏削雄州帅和诜、高阳关路帅候益。(茅)

(30) 当时缘郭药师已降，刘延庆已逼燕，故有割云中之议。(茅)

(31) 当时所立君长，犹中国之人也，用中国之礼乐、中国之法度、中国之衣服，故中国之人亦安之。(靖)

(32) 郦食其当时以游说止齐兵，韩信从而袭之。(绍)

(33) 元帅问你，当时不是曾随皇帝来军前么？(绍)

5. 曾经

与今义同，仅 1 例：

(34) 江南州县，此已是大国曾经略定，交与大齐。(绍)

6. 适来

共 6 例，表示不久之前发生的动作行为，与今之“刚才”相当，多数用于主语前(4 例)，在无主句中，则用在动词前(2 例)。例如：

(34) 适来三相公再奏，已差下撒庐毋、杨天寿同龙图去，不须尚书宣赞行。(燕)

(35) 适来使副见国相，所议如何？(山)

(36) 适来元帅指挥不消得前路去。(绍)

(37) 适来已报，同国妃直东走了，来日可以入燕城。(茅)

(38) 适来无他，如二公劳苦，不待言而自知。(绍)

7. 才

共 8 例，按其表义的不同，可以细分为以下三小类。

① 表示某一情况刚出现，另一情况就随即出现，与今之“刚”“刚刚”和“才”等基本相当，共有 5 例：

(39) 誓书并系昨来将去誓草改定，即无增减，所有合要户口，宣抚司见行根捉，才获时即发遣过来。(燕)

(40) 贵朝才得女真一言，即便举兵。(茅)

(41) 才到驿上,赐到御笔适至。(靖)

(42) 才到幕次,萧三宝奴、耶律忠、张愿恭三人过来,首说及张觉等事。(靖)

(43) 虏才与南兵相接,王权退,自安丰至合淝,又退至柘皋,而中军已退至濡须。(采)

② 表示某一情况刚出现,某一事情刚发生,与今之"才""刚"相当。有2例:

(44) 不谓大圣皇帝才崩,舆榇未及归国,土地交受未了,贵朝早已违誓背约,阴纳张觉,收接燕京逃去职官民户。(茅)

(45) 堂吏云:"为已吃点心才毕,去送朱相。"(绍)

③ 表示事情发生或结束得晚,仅1例:

(46) 本国自去年十一月出兵……已是半年,受了千辛万苦,贵朝才于五月出兵,慢慢地占稳占奸,更说甚夹攻?(燕)

二、未来

1. 将　将来

"将"共5例,与今之用法基本一致。例如:

(1) 若女真果以山前山后故地故民尽还本朝,将用我故民守我故地,关山险阻,易为捍御,虽倍益岁赐,则所入足偿所出,得以复境土而绝后患,是为上策。(茅)

(2) 扩将行,童贯呼李宗振……兰整淯仆十数人环列,以金杯酌酒第饮。(茅)

(3) 若汲汲于求地,而不计劳费,增岁币,益礼数,兴板筑,姑防一隅,用新附之众,徼幸战胜,徒劳交往,事或驟成,一旦使女真得志,殆将取侮于四夷。(茅)

(4) 西京在其西南数千里,彼必不能守,将必归我,姑少迟之。(茅)

以上4例,可以细分为三类。例(2)属第一类,比较单纯地表示将要的意思;例(1)属第二类,句中的"将"除表将要外,还有主观的色彩,与我们上篇第一章助动词中所讨论的"当"的某些用例很相像;后

2 例为一类，虽也表将要，但这一意思是建立在判断的基础上的，因此，这样的“将”有很浓的判断、预测意味。

除以上用例外，“将”另有 3 例语气副词的用法，是帮助表示反问语气的，而这一用法，显然是“将要”义的虚化：

(5) 若不割得三镇土地人民，将有何面目归去见国人？……纵使某等归去，将有何面目敢见本朝皇帝？纵见，将何以为辞？（山）

“将来”共 8 例，意义与用法与今天完全相同。例如：

(6) 对以将来举军之后，北兵不得过松亭、古北、榆关之南，免致两军相见，不测纷争。（燕）

(7) 若要信道将来必不与契丹通和，待于回去底国书内写著。（燕）

(8) 吾窃虑常胜军将来为患，欲与削了，如何？（茅）

(9) 只此数，将来已不易出，须减百官俸，多方收簇，如何办？（绍）

以上是“将来”用于无主句或主语之后的例子，以下则是用于主语之前的例子：

(10) 两国方以义理通好，将来本朝取了燕京，却要系官钱物，此无义理，可便除去。（燕）

(11) 元帅性似劈竹，将来使回，却是分毫不可逆。（绍）

2. 将次

大致义同今之“即将”，仅 1 例：

(12) 如今檄书将次到来，承宣亦须见理。（茅）

3. 早　早早　早与　早为

“早”共 25 例，绝大多数都是表示动作行为应当在不久的将来发生的，与今之“早一点”“尽早”相当。例如：

(13) 贵朝所需不赀，本朝一无所吝，唯西京早与，庶人情无亏。（燕）

(14) 今贵朝灭尽契丹，又得南朝金币，得早休兵，各享太平，真是上策，岂可容易更言战斗事也。（茅）

(15) 公们不去劝谏贵朝皇帝，教早割与他三镇土地人民，便是好公事。（山）

(16) 敢望早定大计，使某等归报江南，庶得生灵早有休息之期。（绍）

“早早”仅 1 例，意思与“早”相同，只是由于重叠而显其强调意味：

(17) 我自去年煞做无道理事，至今日，饶我也由你辈，杀我也由你辈，不若早早下手。（采）

“早与”与“早为”各有 2 例，“与”与“为”在本书中多有通用者，因此“早与”与“早为”不妨看做同一意思的不同写法，而这一点，通过用例的对比也不难证明。这 4 个用例是：

(18) 愿国相元帅以生灵为念，盟好为心，早与通和，则天下幸甚。（山）

(19) 愿国相元帅以生灵为念，盟好为心，早与通和，天下幸甚。（山）

(20) 某等昨日尝以国事上冒台严，欲望台慈以生灵为念，盟好为心，早为通和，则天下幸甚。（山）

(21) 大事已定，望国相元帅早为回兵讲和。（山）

“早”还有不表未来而表示动作行为在很久之前发生的用法，本书中仅见 1 例，附列于此：

(22) 不谓大圣皇帝才崩，舆榇未及归国，土地交受未了，贵朝早已违誓背约，阴纳张觉，收接燕京逃去职官民户。（茅）

4. 后来

义同今之“以后”，共 3 例：

(23) 看来贵朝听狂悖之言，却把本朝作破坏契丹看待，但恐后来自被祸患不小耳。（茅）

(24)（童）贯云：“主上必不较些物色，但得事了，早班师为上。后来教他别人手里理会。”（茅）

(25) 使人远归，朝廷如此相待，后来何以使人？（绍）

本书中的“后来”大都同于今义，这样的用例有 13 个，这里仅举一例：

(26) 自前年归朝廷后，实曾作相一年，后来坚欲请退，遂以宫祠闲居。(绍)

三、现在

1. 方　方才

共46例，按其表意的不同，可以分为以下五类。

① 表示动作行为正在进行，共19例，如：

(1) 两国方以义理通好，将来本朝取了燕京，却要系官钱物，此无义理，可便除去。(燕)

(2) 我若严备边防，屯集大军，示以威信，遣一介辨士议之，彼方内顾不暇，未必不成上策。(茅)

(3) 第五日早，若水等再见国相，方欲起言和议，国相遽约若水等坐。(山)

(4) 第以朝廷方笃信黠虏诈和之请，断然不疑，敛兵不动，以示诚意，遂使使命淹延岁月，堕欲奋之士气，乖归附之民心，中外愤郁，累年于兹。(绍)

以上是“方”位于主语(显性或隐性)之后谓语之前的用例，而以下一例中“方”却位于主语之前：

(5) 方燕人离心，日思南归，而燕之精锐不满千骑，耶律淳新立，而女真已平山后，事势逼蹙，实见如此，所以对太师尽言之。(茅)

这样的例子仅此1个。

② 表示事情发生或结束得晚，相当于今之“才”，有8例，如：

(6) 出到殿门，宰执、閤子内三宝奴等入使人幕次，方见所进书。(靖)

(7) 某等与王侍郎等同日出国门，某等兼程先来，计王侍郎等今方到磁、相间，更数日可以到此。(山)

(8) 十一日早，方得镇江府交割礼物、私觌了当。(绍)

(9) 后李成为刘齐所用，遂来侵扰，是时方遣韩肖胄等奉使

大国。(绍)

③ 表示事情在不久之前发生,也相当于今之“才”,有2例:

(10) 骨肉昨因契丹征辽东时皆被害,近方得一小女子。(山)

(11) 军既入雄州,皆上城,介儒望见,问之,仆给曰:“此陕西六路军马方到耳。”(茅)

④ 表示将要,仅有1例:

(12) 时良臣愤怒未已,汪思温曰:“不须如此,上方召见,公且平其气以待之。”是日午刻,有旨诏对内殿。上问劳,圣语温厚,良臣等皆至感泣。(绍)

⑤ 表示在一定条件下的动作行为。这一类与时间的关系表现在“方”前后的两个动作行为有先后之别。共有17例,如:

(13) 若是和燕京、西京、平、滦州都要后,方许契丹旧日银绢之数,如此则空费往来,和合不得。(燕)

(14) 贵朝吞了契丹许多国土,亦藉本朝声势,方能尽灭之。(茅)

(15) 大河须极寒方冻。(山)

(16) 大凡欲探刺虚实,皆是国势相敌,未测虚实,方遣使探刺。(绍)

表示相同意思的,还有一个“方才”的用例:

(17) 郎君们岂不知契丹银绢,从初厮杀了数年后,因讲和,方才与了三十万。(燕)

四、先后

1. 首 首先

“首”义同今之“首先”,共3例:

(1) 才到幕次,萧三宝奴、耶律忠、张愿恭三人过来,首说及张觉等事,“缘此金国举兵。既入界,闻上皇禅位,圣上登极,皇子郎君意便回,只讶南朝不遣使人来求和。”望之云……(靖)

(2) 某等遂与使臣军兵行二里许,见达懒拥三百余骑前来相迎,至路次,与某等相见。译者首云:“淮南州郡皆是本朝经略了当,何故后来擅自占据?今大兵已到此,却又教韩世忠前来掩袭,捉将我人去,却又遣使求和,意是如何?”某等答云……(绍)

(3) 臣等初见之,首言京城下曾对陛下言以盖房屋为喻。(绍)

“首先”同于今义,仅1例:

(4) 良臣起曰:“某脱身万死,今欲赴愬于朝廷,首先掇怒丞相,良臣愿就都堂请死。”(绍)

五、不变

1. 永远

共6例,其中有4例意义、用法均与今相同,即:

(1) 百寮军人等都不肯许西京,惟是皇帝要与贵朝永远交好,特与西京地土并民户,更不欲逐年要物。(燕)

(2) 累年计议事一切了绝,信誓已定,共享太平,乃是永远奠定。(燕)

(3) 贵朝许割还燕地,本朝许岁奉金币,俱有信誓,永远和好。(茅)

(4) 山后地土元初许时盖为大圣皇帝恩义,酬答赵皇海上交结之义,各立誓书,永远和好。(茅)

另有2例中的“永远”是做谓语或谓语中的一部分的:

(5) 信誓事须要便了,此所系万年永远,须是各说得重则好。(燕)

(6) 不若问朝庭多增岁币,又无水旱之虞,岂不永远?(靖)

2. 一向

共3例,用于动词或形容词前,表示某一行为或情状始终或在相当长的时间内一直保持不变,大致与今之“总是”相当。

我们先看用于动词前的例子:

(7) 似此只是自强底话,如不夹攻,契丹以应、朔旧汉地归本朝,何名可得银绢等,郎君等未可一向自强。(燕)

(8) 若一向恃强，务欲并吞，但恐天理不能如此。(靖)

以下是用于形容词前的例子：

(9) 北朝得南朝地亦恐难守，盖人情向背不同，岂有一向宁帖？(靖)

3. 依旧

仅2例，与今义同：

(10) 先是，辽人天庆十年，金人苦于用兵，经岁不出，诸路军马依旧屯备。(燕)

(11) 十一月十三日若水等被旨，同王云、马识远并依旧军前奉使，限十四日起发出门。(绍)

4. 始终

与今义相同，仅1例：

(12) 来，盖为与元帅国相皆始终主张和好，庶得易为商量王事早了，使两界士民安业，各享太平。(茅)

5. 仍

共13例，按其表义的不同，可以分为两类。

① 表示情况没有发生变化，与今之"仍然"相当，共有6例，如：

(13) 差马扩充奉使大金国使副，前去济南府已来，等候国信使赵良嗣同取登州海路前去奉使，仍充送伴大金国通议使副。(茅)

(14) 既以此意答之，仍亦以此作国书。(茅)

(15) 如贵朝军马先入燕，则本朝军马借路归国，仍要在燕系官钱物。(茅)

(16) 由是彦宗、余睹辈力劝南朝可图，仍不必以众，因粮就兵可也。(茅)

② 表示两种动作行为同时发生，大致与今之"又""再""还""并"等相当，共7例，如：

(17) 赐仆并随行人鞍马一副，仍令携涿州将官胡德章归。(茅)

(18) 若虑日后侵陵，则于广信以北，横斜多筑城垒，严屯军

马，仍开掘涿、易两河为塘泺，连接沮洳，直抵雄、霸。（茅）

(19) 贯曰："见粘罕休争闲礼数，且了大事。只议交取蔚、应二州及飞狐、灵邱二县，其余地境尽画还金国，庶几易了。仍探赜粘罕有南侵意否。"（茅）

(20) 既入城，于谯门上见世忠，留饭，云："朝廷累有文字，催促奉使过界，只请今便行。"仍将出所受到御前金字牌文字一纸，系令韩世忠将带军马回，来镇江府江口把隘，以示。（绍）

6. 仍旧

同于今义，仅1例：

(21) 食罢可行，为传语童贯，欲和则仍旧和，不欲和，请出兵见阵。（茅）

六、每常

1. 每

表示频度或概率高，与今之"常常""往往"等相当，共有7例。如：

(1) 某之此来，非寻常礼貌之使，每切畏谨，唯恐为两国生事。（茅）

(2) 南朝每谓燕人思汉，殊不思自割属契丹已近二百年，岂无君臣父子之情？（茅）

(3) 傥当时再起种师道，提许多西兵举事，却不至如此误国家大事，每窃叹恨。（茅）

(4) 虏人每以逗留为言，此行逗留之迹明矣。（绍）

除以上意义外，"每"还可以表示某些习惯性或规律性的现象、行为等，与今之"每当"的"每"同。这样的用法本书中只有2例：

(5) 是日已至契丹拔纳行帐前，列契丹旧閤门官吏，皆具朝服，引唱舞蹈，大作朝见礼仪，每入帐门，谓之上殿。（茅）

(6) 兀室云："西京路前在奉圣州时曾许，龙图言不要。后来所以只言燕京事，今更不须再言也。"仆曰："山后故地自海上理会，使人岂敢言不要？但每言燕地，则西京在其中矣……"

(茅)

2. 常

表示某一情况经常发生或持久存在,与今之“经常”“时常”相当,共有29例,但其中有21例是见于本书中一个专有名词“常胜军”中的,而用于修饰其他动词的则只有8例。例如:

(7) 所有宁边州至天德、云内一带,是旧汉地,兼有黄河限隔,不知贵朝欲待自守?惟复待与夏国?若自守,与贵朝为邻,甚无害,若是与夏国时,恐西人出没,常为边患。(燕)

(8) 南朝大国,文武常分两节阶。(茅)

(9) 军马单行,每骑相去五七步,接续不绝,两头相望,常及一二十里。(茅)

(10) 攻者常自劳,守者常自逸。(茅)

3. 往往

表示某一动作行为经常发生,相当于今之“常常”“经常”,共4例:

(11) 幕属往往顿足抵掌切齿而怒,盖诸公方以契丹为复盛,如仆所言,直易耳。(茅)

(12) 燕地自女真入关,军民士庶往往逃窜山谷间,宜招诱宽卹,使之归土。(茅)

(13) 向日燕山之役,河北人民往往举城恸哭,官员部押有自经于路者,岂能比廉颇时耶?(茅)

(14) 且南朝得北朝地守不得,如朝廷守燕山是也。归朝官往往先叛。(靖)

4. 辄

表示某一动作行为时常发生,与“往往”相当。共2例:

(15) 本朝缘谭稹不务大计,辄生事,从李石、张觉私请等事,主上亦自知是失,愿国相念以旧好,同灭大辽契丹,不为深较……(茅)

(16) 粘罕国相辄言举兵之意何也?(茅)

此外,“辄”还有几个其他的意义,一并附列于此。

“辄”有时表示动作行为重新发生，大致相当于今之“再”，共有 2 例：

(17) 皇帝已议定，更不须理会课程税赋多寡，但只要贵朝除与契丹岁币外，每岁添一百万贯，……如贵朝辄有分毫议减，即便不成和好。（茅）

(18) 然而自今女真顾忌，未敢辄肆举兵者，盖忌此项兵也。（茅）

“辄”还可以表示出乎意料，与今之“竟”“竟然”相当，仅 1 例：

(19) 南朝礼仪之国，今不顾盟好，辄先举兵，兵贵有名，不知兵戈缘何至此？（茅）

最后，“辄”还可以表示前后两事在事理上的密切关联，相当于今之“就”“才”等，共 3 例，如：

(20) 某等不敢退缓，辄冒万死，崎岖险阻，天与之幸，早得达命于麾下，过蒙与进，不赐摈绝，谆谆教诲，至诚恻怛，犹有存亡继绝之意。（绍）

(21) 某等相与退而叹咏，仰服大国之仁祇，诵元帅之德，不能已矣。辄敢冒进瞽言……（绍）

七、迅疾

1. 便

表示动作行为随即进行，大致与今之“马上(就)”“随即(就)”等相当，共有 14 例，如：

(1) 此段休说，更说一段。且如夹攻，本国兵马从今年正月已到中京，因甚不便来夹攻？本国自去年十一月出兵……已是半年，受了千辛万苦，贵朝才于五月出兵，慢慢地占稳占奸，更说甚夹攻？（燕）

(2) 兼赏军银绢二十万，在涿州未交，安得便辞？（燕）

(3) 元帅国相若怕贵朝事力时，却不敢便入来也。（茅）

(4) 孝民更不说话，便要入城。（靖）

(5) 既入界，闻上皇禅位，圣上登极，皇子郎君意便回，只讶

南朝不遣使人来求和。(靖)

(6) 国相曰:"使副们少间便回。"(山)

除表示迅疾外,"便",还可以用于表示强调。如果强调时间,则表示某一动作行为早在以前即已完成,如用于判断,则加强肯定。上述两种用法各有 2 例,以下各举 1 例:

(7) 某去年云中回,便以此事覆大王,劝大王三路摘十万兵,分统以压助常胜军,乃是预知此意。(茅)

(8) 前遣元帅就近代州议事,便是此意。(燕)

此外,"便"还有很多用为关联词的用例,我们将在连词一章中讨论。

2. 即便

表示紧接着某个时候所发生的动作行为,与今之"立即""立刻"等相当,共有 5 例:

(7) 贵朝才得女真一言,即便举兵。(茅)

(8) 若遽削之,不唯金人窥觇,兼此军即便起变,是自引惹,莫若因而用之。(茅)

(9) 事已决定,更无移改,请使副安排来日朝见,即便朝辞,本朝更不差回使也。(茅)

(10) 若差人速来交割土地人民,即便回军通和。(山)

(11) 候割地使到来看得次第,即便回军不难。(山)

上引用例中有的"即便"与假设或条件复句中表示结果的分句中所用的关联词语(今常用"就")很相像,如例(10),但是,由于有时间迅疾的因素在里边,所以我们认为仍是时间副词。至于以下一例,因为不含时间的因素,"即便"就纯是一个关联词语了:

(12) 如贵朝辄有分毫议减,即便不成和好。(茅)

3. 顿

表示短时间内产生的情况或完成的动作行为,与今之"忽然""一下子"相当,仅 1 例:

(13) 燕地褊狭,岂有元约额只四十万贯,后来便顿增许多?(燕)

4. 忽

表示情况等来得突然而又出乎意料，与今之“忽然”“突然”相当，共有 5 例，分别可以用在动词前(3 例)和主语前(2 例)：

(14) 忽得报，言易州降大宋，药师有意归明。(燕)

(15) 十九日午，忽送马来，褐禄、聿兴令人传语，请上马见元帅。(绍)

(16) 摆布仅毕，忽闻虏中发喊，虏酋亲执小红旗，麾数百舟绝江而来。(采)

(17) 夜久，忽刘宗吉自壁衣下出。(茅)

(18) 二十六日晚，忽萧奥、张觉押赆赂锦绮衣袄并从人银绢等物来。(茅)

5. 一旦

表示动作行为或情况等在很短的时间内发生，大致与今之“一下子”相当。共 4 例：

(19) 今国相一旦听奸人斗作，却寻厮炒处。(茅)

(20) 两朝太平之久，戴白之老不识兵革，今一旦见此凶危之事，宁不恻怆？(茅)

(21) 贵朝吞了契丹许多国土，亦借本朝声势，方能尽灭之。今一旦不肯顾已前契义誓好，便先举兵，不道南朝许大世界军民事力，若朝廷省悟，略行更改，怎容易近得？(茅)

(22) 某此奉待行遣，只不可错了，一旦使燕人尽成血肉，则甚幸。(茅)

此外，另有 2 例“一旦”用于假设复句的前一分句，表示假设，附列于此：

(23) 今国相或欲却要山后州城，不尽交割，亦在商量，亦不须遽相失欢。一旦致两大国交兵，却几时休得？(茅)

(24) 一旦使女真得志，殆将取侮于四夷。(茅)

6. 次第

表示某一动作行为将在很短的时间内发生，与今之“转眼”“很快”大致相当。仅有 2 例：

(25) 来时听得契丹旧酋在沙漠，已曾遣人马追赶，次第终须捉得。(燕)

(26) 昨日书，元帅已教缁译作番书要看，次第一二日相见也。(绍)

7. 一面

表示动作紧接着发生，与今之“立刻”“马上”“不久就”等大致相当。共3例：

(27) 至于商量事节，便可以一面与决，兼盟誓务在长久，便请主上依草著誓。(燕)

(28) 须一面督促宣司进兵，克期下燕，以振中国之威，平燕而和女真，用绝日后轻侮之患可也。(茅)

(29) 赖侍郎令呼某来，若龙图一面与李靖画断，即他日御史台公事有所在矣。(茅)

八、终竟

1. 终

表示动作行为的最终结果，与今之“终于”“到底”相当。共有7例，如：

(1) 然终以人口未足移文往来事辩论久之未决。(燕)

(2) 终能以礼义与中国通好，岂不为美？(靖)

(3) 如其不蒙矜贷，含怒震雷，旌旄所临，如拉枯朽，使赵氏社稷寄托无所，一方生灵肝脑涂地，致大国恩泽终不被于遐陬，即是某等奉使无状，无补国家，愿先污斧钺，以报主恩，且以为异日奉使之戒。(绍)

(4) 若一面讲和，又令人来掩不备，如此终恐误事，只恐你江南终被将臣误事。(绍)

2. 终须

义同“终将”，含有很重的主观色彩。仅1例：

(5) 来时听得契丹旧酋在沙漠，已曾遣人马追赶，次第终须捉得。(燕)

九、渐变

1. 渐

与今之"逐渐"同，共3例：

(1) 凡围如箕掌，徐进约三四十里，近可宿之处，即两梢合围渐促，须臾作二三十匝。（茅）

(2) 计虏孳生监粮草渐竭，势须北还矣。（靖）

(3) 近来渐觉家风好，儿读书声女织声。（山）

2. 渐次

同于"渐"，仅1例：

(4) 将契丹自来特留放牧牛马闲田，分授与常胜军，依仿弓箭手法，官给耕牛种子，俟三两岁，耕垦有成，渐次减罢请受，则无侵夺民田之患，外有开垦之功。（茅）

十、频率

1. 再三

表示同一动作行为的多次重复，共14例，既可用于表已然或正然，也可用于表将然。例如：

(1) 宁术割犹以为数少，再三乞增加，上不许。（燕）

(2) 斡离不请康王及张邦昌等相见，帐前札自家旗帜数百面，俘虏到将校数十人，再三诘责。（靖）

(3) 江南所以再三遣使恳请上国，正为生灵不得休息，所以再遣某等前来，欲得早定和议。（绍）

以下是用于表将然的例子：

(4) 到南朝日再三附奏，乞善保圣体，好理国家，所有燕京等事，已专遣人赍国书计议，且望教速来回，早了大事。（燕）

(5) 某等面奉本朝皇帝圣训，令某等再三启白国相元帅，今欲以三镇逐年所收租赋悉奉贵朝，愿休兵讲好。（山）

上举"再三"在句中都是做状语的，而以下一例中的"再三"却是做谓语的：

(6) 国相作色曰:"已言在前,不须再三。"(山)

这样的形式仅此 1 例。

2. 连

表示动作行为连续多次发生,与今之"连续"等相当,共有 4 例:

(7) 扩急趋保州,取家属南归,复过中山,则已见烽火连举五把。(茅)

(8) 连催使人上马,即与三宝奴、耶律忠、王汭等前来。(靖)

(9) 回城中已申时后,入对福宁殿,具奏前件"语言",上云:"岂非二太子先去了也?"连云:"是是。"(靖)

(10) 夜即其所居帐中,连发三箭射中亮。(采)

第四节 情态副词

情态副词是表示情势和状态的副词,这里,我们把某些表示方式的副词也放在此类中一并讨论。

一、表示情态者

1. 专 专专 专一

"专"表示在主观意志的支配下特意去做某事,大致与今之"专门""特意"相当。共有 7 例,如:

(1) 朝廷大臣议论,皆以谓不可,欲成就交好,特许别交银绢,以代税赋,专遣某等来定议。(燕)

(2) 你说得也煞好,只是你南家说话多生捎空,你使副只今便辞,我专遣人使就宣抚司商议大事去也。(茅)

(3) 于是差仆专往真定、中山府招置忠勇敢战军马,专一统制。(茅)

按,此例中也有"专一",但是与下面例(7)中的不同,这里的"专一"大致属于范围副词,有"独自"之意。

(4) 为有城下之约,故提兵专来。(山)

7 例中，有 5 例是“专遣”的形式。

此外，“专”还有范围副词的用法，表示对动作行为的限定，大致相当于“只”“仅”或“独立地”等，如：

(5) 某使人来此，专为恳请大国和议。(绍)

“专专”只 1 例，表示强调专门做某事：

(6) 去年本国专遣使臣理会恁大军情公事，屯著人马，专专地等候回使相约打灭契丹。(燕)

“专一”也只 1 例，表示在主观上一味地做某事：

(7) 及令韩世忠差近上使臣一员，专一催促出界。(绍)

2. 特

表示主动者有意发出某一动作行为，与今之“特意”“特别”相当，共 14 例，如：

(8) 今特将古北口与贵朝，其松亭关本朝屯戍，更不可说著。(燕)

(9) 皇帝有旨，昨日所论西京事更休理会，海上之约亦是贵朝自断绝，且看赵皇面，特许与燕京六州二十四县。(茅)

(10) 将契丹自来特留放牧牛马闲田，分授与常胜军，依仿弓箭手法，官给耕牛种子。(茅)

(11) 某等兹者特来议和，欲便两国。(山)

3. 好

表示用心、尽力地去做好某事，相当于今之“好好地”，有 2 例：

(12) 到南朝日再三附奏，乞善保圣体，好理国家，所有燕京等事，已专遣人赍国书计议。(燕)

(13) 若是急著手脚好商量时，也须较得些。(茅)

4. 只得

表示不得不如此，与今之“只好”相当，共 3 例，都见于《绍》中：

(14) 诸公唯唯，或曰：“极是”，或曰“须当如此”，或曰“只得如此”。(绍)

(15) 及至江口，据本处巡检申，风色暴猛，渡江不得，绘等只得在水府庙以俟。(绍)

(16) 万户云:“恰似人家养个义儿,却赌钱吃酒,待赶了,又赶去那里？且只得恁地。”(绍)

5. 不得已

表示在某种情况下被迫从事某事,与今义同,共有5例,如:

(17) 万一不得已交兵,须各有损折。(茅)

(18) 若水不得已,缙笏领之。(山)

(19) 若水等不得已收之。(山)

(20) 某等窃闻,自古皇王,不得已而用兵,一本于仁义而已。(绍)

以下一例“不得已”做宾语:

(21) 汝輩送我,出不得已,归路甚难。可自此去,努力报国家。(绍)

6. 不得不

表示由于某一情势的决定而必须或只得如此,与今义同,共4例:

(22) 如本朝不要燕地,则渠国自取之,朝廷不得不发兵救燕。(燕)

(23) 当此紧急报国之时,在大王不得不勉之。(茅)

(24) 若将他亲王过去,万一感风露之疾不起,以人情言之,在贵朝亦不得不悔。(靖)

(25) 韩世忠是淮南宣抚,闻得境上有军马,是他职事,不得不自为备。(绍)

7. 不谓

表示情况出乎意料,与今之“不料”义同,共2例:

(26) 南朝遣宣赞来作死间耶？不谓南朝弃士大夫之命如草芥也。(茅)

(27) 山后地土元初许时盖为大圣皇帝恩义,酬答赵皇海上交结之义,各立誓书,永远和好。不谓大圣皇帝才崩,舆榇未及归国,土地交受未了,贵朝早已违誓背约。(茅)

另有1例“不谓”义为“不论”“不管”:

(28) 所有先差两番奉使,不谓已过界了,并仰追及约回。(山)

8. 不意

义同"不谓",共2例:

(29) 仆曰:"不意延庆遁走,女真先入关,不得而争也。(茅)

(30) 朝廷自来只倚道与金国讲好,以燕山为藩篱,内郡及都城不为战守备。不意燕山失守,主上嗣位未旬日间,正是做手脚不迭,亦非事力单弱。(靖)

9. 不免

表示某一动作行为是不可避免的,与今义同。共2例:

(31) 良嗣又以第二项御笔二十万之数许之。兀室云:"二十万之数,尚不及前项之半,更要西京,如何了得?"再三辩论,久之,遂除下西京,坚执如故。不免以第三项御笔二万绫数许之。(燕)

(32) 今事迫情切,不免冒犯威严,略叙万一。(绍)

10. 不如

表示一种主观的倾向,与今义同。共3例:

(33) 你们来讲和,煞是好公事,不如一发了却。(绍)

(34) 且采石江面方此为狭甚,而我军犹不利,不如徐为之谋,以俟其隙。(采)

(35) 亮凶狠不容吾等说,明日必杀我,不如先下手为强也。(采)

11. 莫若

义同"不如",共3例:

(36) 莫若使人留雄州,以书驰驿奏闻为便。(燕)

(37) 若遽削之,不唯金人窥觇,兼此军即便起变,是自引惹,莫若因而用之。(茅)

(38) 莫若径归女真,亦不失为王也。(茅)

12. 将就

勉强、随便、凑合之意，共2例：

(39) 兀室曰："不是本朝要断绝，自是贵朝惜物。若将就作百万，便见了当。"（燕）

(40) 宁术割系是北朝皇帝最亲任听干的近上的大臣，权最重，见知军国重事，复充西路等处都统使，兼杀败夏国，故特遣来到贵朝，莫比寻常使人一般将就简待，致伤和气，以生嫌隙，使数年往来计议千言万语废之一人身上。（燕）

13. 犹自

义为"尚且""还"，共2例：

(41) 契丹时燕京不属南朝，犹自与五十万，如今与了燕京，如何只三十万？（燕）

(42) 许大天犹自不怕，更要誓书则甚？（燕）

14. 但

表示动作行为不必顾忌，与今之"尽管""只管"相当，共2例：

(43) 日后国相不拘欲要何物，但请见谕，童太师自当一一奏上应付。（茅）

(44) 即今馆伴去说话，有事但见谕，足可相应。（茅）

15. 底死

表示做出最大努力，大致相当于今之"竭力"，仅1例：

(45) 来日皇子郎君相见时，枢密、侍郎莫要如此底死争，恐坏他两朝和好事也。（靖）

二、表示方式者

1. 一一

表示动作行为挨次出现或进行，与今之"逐一""一个一个地"相当，共有17例，如：

(1) 只以燕京、平、滦三州尽许契丹旧日银绢之数，此乃是本朝一一相就之意。（燕）

(2) 贵朝所需，本朝一一从了，却有山后西京地土人民，并系旧汉地。（茅）

(3) 知郑望之已回，不知有何语，一一先奏来。(靖)

(4) 国相若追思往事，一一细较，即使使人何以为词？(山)

2. 擅自

与今义相同，共2例：

(5) 江南州县，此已是大国曾经略定，交与大齐，后来江南擅自占据。(绍)

(6) 江南州县皆是本朝经略了当，何故后来擅自占据？(绍)

3. 互相

同于今义，仅1例：

(7) 一乞委逐州各招忠勇敢战人，择官统率，互相应援。(茅)

4. 亲自

同于今义，共2例：

(8) 向时第一番到汴京，皇帝同张邦昌来军前为质，我曾亲自说与皇帝。(绍)

(9) 此时亲自说与皇帝，一一听得，却令姚平仲来劫寨，事不成，煞损了他人。(绍)

5. 独自

同于今义，仅1例：

(10) 聿兴今来，方敢独自与侍郎、团练相见。(绍)

6. 直

表示动作行为是直截了当的，相当于今之"直接""径直""一直"等，共9例，如：

(11) 若非惜自来和好，已直入雄州矣。(茅)

(12) 天祚驱鞑靼众三万余骑，乘粘罕归国，山后空虚，直抵云中府袭击。(茅)

(13) 万一不从，须索提兵直到汴京理会也。(山)

(14) 万户一人直入，即其帐中杀之。(采)

"直"又为时间副词，表示时间的延续，义同今之"一直"，共2例，如：

(15) 贵国与契丹家厮杀多年，直候敌不得，方与银绢。(燕)

第五节　语气副词

一、肯定语气

(一) 强调

1. 决

共11例，表态度坚决，语气极为肯定，与今之“肯定”“决”相当。如：

(1) 燕人久属大辽，各安乡土，贵朝以兵挠之，决皆死战。(茅)

(2) 决可挫彼锐兵于坚城之下。(茅)

(3) 军中自遣使人往，谓三镇国家边面所系，决不可割，若割三镇，则我等将帅用兵无已时。(靖)

(4) 目今镇江详闻事宜，大段紧急，决非遣使可以定议。(绍)

11例中，有7例是用于否定句中的。

2. 真

共2例，强调肯定的语气，与今之“确实”等相当：

(5) 今贵朝灭尽契丹，又得南朝金币，得早休兵，各享太平，真是上策。(茅)

(6) 某真谓赖公之庇，昨完颜亮要初八日来此会饭，不知交焘却去那里。(采)

另有1例“真”表示情况属实，与今之“真的”相当：

(7) 何得自示懦弱，尽露腹心，倾身倚以为助，全藉彼兵，真许之入关？(茅)

3. 直是

与“真”义近，大致相当于今之“确实”“真是”等，共2例，见于一句话中：

(8) 丞相得宇文相公，直是喜欢。尝说道，得汴京时欢喜，尤不如得相公时欢喜。如今直是通家往来，时复支赐，宅库里都满也。(绍)

4. 委

表示情况确实如此，与今之“确实”“的确”相当，仅1例：

(9) 国家委无许多金银，皇帝意甚不足。(靖)

5. 殊

表示极度的肯定或否定，相当于今之“极其”“完全”“绝对”“绝”等，共4例：

(10) 彼左右亲近郎君辈玩狎悦乐，独阿骨打不以为意，殊如不闻。(茅)

(11) 事与贵朝殊无干涉，何至问罪？(茅)

(12) 南朝每谓燕人思汉，殊不思自割属契丹已近二百年，岂无君臣父子之情？(茅)

(13) 然连日被受省札催促，令执宿州牒，于前路阻节处照验前去，又令淮东安抚司召募使臣说谕承、楚州，令放过奉使，某殊未晓所以。(绍)

6. 千万

表示某事有极强的必然性，大致相当于今之“一定”“必然”，仅1例：

(14) 我皇帝从上京到了，必不与契丹讲和，昨来再过上京，把契丹墓坟、宫室、庙像一齐烧了，图教契丹断了通和底公事，而今契丹更有甚面目来和也？千万必不通和。(燕)

7. 必须

表示确定无疑，义同今之“必定”“肯定”，仅1例：

(15) 既是讲和之后，皇帝必须有约束，不许妄动。(绍)

(二) 确认

1. 自 自然

“自”表示合乎事实，顺乎情理，与今之“自然”“当然”“本来”相当，共19例，如：

(1) 平营本燕京地，自是属燕京地分。(燕)

(2) 只有平、滦一事，自可相从。(燕)

(3) 仆于是密画利害，论女真不可使入关，要当进兵先取燕京，则金人自服，边境可定。(茅)

(3) 用兵与讲和自是两事，虽指挥勾回，然将在军，君命有所不受。(绍)

“自然”表示理所当然，与今义同，共2例：

(4) 此不难，据燕地所出税赋并课程计数兑换，自然不错。(燕)

(5) 边固则土疆可守，人心自然安处，易于安抚。(茅)

2. 恰

义同今之“正”“正好”，共2例：

(6) 又问：“皇帝几岁？”答以“三十二岁”。万户马上自屈指数过：“来军前时如三十一二，恰是也。”(绍)

(7) 恰似人家养个义儿，却赌钱吃酒，待赶了，又赶去那里？(绍)

3. 正　政

“正”义同“恰”，共8例，如：

(8) 兼符家口系属南界，有新仓、永济两盐场在内，朝廷岁增百万贯，正为此盐场在其中，莫须改正？(燕)

(9) 如仆前日所论徐制女真三策，比见形势正当用之。(茅)

(10) 不意燕山失守，主上嗣位未旬日间，正是做手脚不迭，亦非事力单弱。(靖)

(11) 某知他吃了人多少言语，正所谓唾其面使自干者。(绍)

“政”同“正”，共2例：

(12) 太师若论三关地，政是塘泺地所在。(靖)

(13) 康王颇惊骇,望之密曰:“若王师胜,彼必不敢害我,因我以求和,若他家胜,王在城外已半月日,岂预知劫寨事? 政不须恐。”康王颇以为然。(靖)

4. 其实

表示究其实际,与今义相同。共2例:

(14) 贯阳应:“甚好,来日且过真定。”其实欲遁矣。(茅)

(15) 今采石虏既吃手脚,必不敢窥伺,又兼长江边岸分屯防御甚多,其实紧要不过数处,都统能任其责辍一处兵马应付如何?(采)

5. 果然

表示结果与猜测或预料的完全相符,与今义同。共2例:

(16) 绘曰:“少间饭罢再来,赵枢决不见吾辈。”盖赵鼎初时已不主和议,已而,果然赵遣直省官传语曰:“以督府事忙,请只与参政、胡枢密理会。”(绍)

以下一例中的“果然”不做状语,而是做谓语:

(17) 见马前一人……疑是吴和,问之,果然。(绍)

6. 大抵

本表示对事物的一种估量,共2例,表意有一定差别:

(18) 攻上京城破,遂与阿骨打相见于龙冈,致议约之意。大抵以燕京一带本是旧汉地,欲相约夹攻契丹,使女真取中京,本朝取燕京一带。(燕)

按,此例中的“大抵”是表示事情的主要方面是如何的,与今之“主要”“大致”相近。

(19) 某辈非敢自为脱身计,大抵国家安,使人亦安,若国家未安,一身亦复安往?(绍)

按,此例的“大抵”表示情况具有某种普遍意义。

二、测度语气

1. 恐 恐或

“恐”表示推度,义为“恐怕”“也许”,通常用于表达委婉的语气。

共21例，如：

(1) 昨日必是立旗招安，为贵朝军马袭取。万一宣司申取朝廷，降一讨荡指挥，少俟西军毕集，恐非燕民之福。（茅）

(2) 钱物则不较，但借路事恐难从。（茅）

(3) 适得何灌奏言，金人已到城北，朝廷且遣使臣出来劳军，却恐有商量。（靖）

(4) 却来这里弄唇舌，想捎空，恐使不得。（山）

"恐或"与"恐"大致同义，与今之"大概""也许"相当，仅1例：

(5) 武举射生非所长，容试射之，恐或有得。（茅）

2. 莫　莫须　莫当　莫是

"莫"表示推测，义同"或许""大概""恐怕"等，共8例，如：

(6) 闻教谕兵书及第，莫煞会弓马否？（茅）

按，"莫煞会弓马否"大致意为"大概很会射箭骑马吧"。

(7) 我近已令发胆勇人马上边，更令李嗣本于代州近城踏屯十万人寨地，昨又曾摆阵耀兵，莫他闻得如此声势，亦未轻易入来也。（茅）

(8) 又问："韩家在甚处，有多少军马？"绘等答："在扬州，来时却往镇江去，不见得有多少军马。"又问："莫是计么？先你过来，待倒回来厮打么？"绘答云："他是兵家，讲和人怎得知？"（绍）

"莫须"表示倾向于肯定的推测语气，大致义同"恐怕(得)"，共3例：

(9) 兼前番临时曾言夏税秋赋，如碎杂豆油之类，如何般运？设若本朝委曲从之，莫须折当？（燕）

(10) 兼符家口系属南界，有新仓、永济两盐场在内，朝廷岁增百万贯，正为此盐场在其中，莫须改正。（燕）

(11) 不知如今本朝所需底事，莫须应副得么？（绍）

"莫当"义同"莫须"，仅1例：

(12) 国书莫当某等亲见国相面投方是。（山）

"莫是"义同"莫"，也仅1例：

(13)（秦中丞）闻曾作相，莫是闻得大军来后，怕这里军前

去取，所以教他去？（绍）

三、疑问语气

本小节中讨论的疑问语气副词都是表示反问语气的。

1. 何不　何苦　何若　何似

“何不”义为“为什么不”，含有劝令的意味，共3例：

（1）假如要一两个小县，何不将文字来评会？（燕）

（2）龙图既知我军力不能取，何不明白奏上，画与女真，使自取之，急修我边备，守白沟旧界，保吾故疆。（茅）

（3）国相恭领之，约若水等坐，开国书看，曰：“何不早如是？免令提兵到此。”（山）

“何苦”表示行为没有必要，共3例：

（4）兼课程税赋出在地上，非动贵朝物，何苦吝惜？（茅）

（5）某意但了燕山事，即吾曹成功，恐因山后坏却，宣赞何苦相戾？（茅）

（6）如今举大兵前来，设若欲取江南州县与他别人，却坏了元帅军马，不晓何苦为他如此。（绍）

“何若”表示选择的比较，义为“哪如”“怎么比得上”，仅1例：

（7）或闻欲与别家，何若并还南朝，使得故地，亦见交欢诚意。（茅）

“何似”义同“何若”，也仅1例：

（8）两朝既是通好如一家，已许了地土，乃是信义人情，却不与人户，实不完全。何似把人民一齐许了，做个人情也是完备。（燕）

2. 何尝　何曾

“何尝”表示否定行为曾经发生，共3例：

（9）夏国虽累形不逊之言，然数十年间何尝侵得南朝寸土？（茅）

（10）若论御押，一如本朝御笔，前此累有御笔，何尝使粘罕以下郎君拜受？（茅）

(11) 此来何尝止大国之兵?(绍)

“何曾”义同“何尝”,仅1例:

(12) 说道韩家有几万,岳家有几万,都在淮南,从入界来,何曾见一个?(绍)

3. 怎　怎生

“怎”义同今之“怎么”,共6例,如:

(13) 看如今怎奈何刘麟去哩?(绍)

(14) 金人国中初定,些少人马在边上怎敢便做许大事?(茅)

(15) 今一旦不肯顾已前契义誓好,便先举兵,不道南朝许大世界军民事力,若朝廷省悟,略行更改,怎容易近得?(茅)

(16) 他是兵家,讲和人怎得知?(绍)

“怎生”义同“怎”,共13例,如:

(17) 自家既已通好,契丹甚闲事,怎生和得?(燕)

(18) 若不行军法,后怎生使兵也?(茅)

(19) 待道是贼来,怎生有许多贼?(靖)

(20) 当时便失信,如今言语怎生信得?(绍)

4. 不成

义同今之“难道”,共3例,如:

(21) 西京是已了,割与贵朝,却言不要,不成刚强与得?(茅)

(22) 若将他亲王过去,万一感风露之疾不起,以人情言之,在贵朝亦不得不悔,不成更要一亲王去也?(靖)

四、否定语气

(一) 禁止劝诫

1. 休

义同今之“别”,共6例,如:

(1) 本待断绝,恐两家不好,据今来地,尽在国书中,若一一从得便好,如不从便休来商量。(燕)

(2) 皇帝有旨,昨日所论西说事更休理会。(茅)

(3) 我已言定岁添一百万贯,一字不依,更休来商量。(茅)

(4) 见粘罕休争闲礼数,且了大事。(茅)

另有2例“休”表示一般的否定,同于“不”,如:

(5) 蒲结奴云:“去年本国专遣使臣理会恁大军情公事,屯著人马,专专地等候回使相约打灭契丹。却留我使人,一住半年,滞了军期,更不遣回使,只将空书,令军人送过海来,已是断绝之意。此段休说,更说一段。”(燕)

2. 不许 未许

“不许”与今义同,共7例,如:

(6) 此必大国之意也,如使副不许借路过关,赵诩不许汉人归女真,其意一同。(燕)

(7) 大军之来,初得朝旨,不许杀戮一人。(茅)

(8) 贵朝使人已与赵良嗣同趋阙下,朝廷必不许来搀夺。(茅)

(9) 既是讲和之后,皇帝必须有约定,不许妄动。(绍)

“未许”义同“不许”,共2例:

(10) 更为所取人口未定,未许过界。(燕)

(11) 诸将未许射,令南使先射。(茅)

3. 不得

义同“不许”,共9例,如:

(12) 复取出文字三封,一封系知易州何灌牒大金统领内备宣抚司札子,令报知大金国,称已收下涿、易,不得侵越生事。(燕)

(13) 我欲二月初十日巡边,使人疾去,应期复来,不得碍我举军。(茅)

(14) 兼贵朝收了燕山逃去职官,誓书所载,各不得收纳叛亡,贵朝已先失约,山后地土虽系所许,难以便行交割。(茅)

(15) 前来蒙丞相惠书,止是说淮南不得屯驻军马,即不曾见说占据之事,江南遂依禀指挥,不敢于淮南屯驻人马,所以奉

大国之命，不敢有违。（绍）

另有 13 例“不得”是否定可能性的，我们将在下篇补语一章中谈可能补语时再谈。

4. 不要

义同“休”，共 8 例，如：

(16) 只是使副到南朝，奏知皇帝，不要似前番一般，中间里断绝了。（燕）

(17) 此事朝廷不要迟疑，早了便宜。（靖）

(18) 不要放箭，是来讲和。（绍）

(19) 我此中捉得你那里人，并不曾杀，你那里捉得我人去，亦不要杀却，兼他们何罪？（绍）

5. 莫　莫要

“莫”义同“休”，共 3 例：

(20) 郎君门亦莫轻信。（燕）

(21) 宁术割……故特遣来到贵朝，莫比寻常使人一般将就简待。（燕）

(22) 君王莫听捐燕计，一寸山河一寸金。（茅）

“莫要”义同“莫”，仅 1 例：

(23) 来日皇子郎君相见时，枢密、侍郎莫要如此底死争，恐坏他两朝和好事也。（靖）

6. 不必

义同今之“不必”“不需要”，由否定必要性而表示劝止，共 2 例：

(24) 由是彦宗、余睹辈力劝南朝可图，仍不必以众，因粮就兵可也。（茅）

(25) 不必讲此礼，使副即今可便行。（山）

7. 不须

义同“不必”，也是由否定必要性而表示劝止，共 21 例，如：

(26) 后来所以只言燕京事，今更不须再言也。（茅）

(27) 此事无益于朝廷，恐不须商量。（靖）

(28) 昨已差使往汴京，会以黄河为界，三镇事更不须议。

（绍）

（29）卿等此行，切不须与虏人计较言语。（绍）

8. 不可

"不可"虽然大致都相当于今之"不可以"，但由表意的不同，可以分为两小类。

① 表示劝止

共20例，如：

（30）贵国兵马去西京甚好，自今日议约即定，只是不可与契丹议讲和。（燕）

（31）兵家贵知己知彼，不可见彼威势，便不顾己事力也。（茅）

（32）此是奉使合得之物，不可坏却常例。（山）

（33）既欲讲和，须是至诚，不可奸诈。（绍）

② 否定可能性

共25例，如：

（34）伏闻番汉之人，实为异类，羊狼之伴，不可同居。（燕）

（35）山前后相为表里，阙一则不可守，兼御笔令力争，岂可不尽心理会？（茅）

（36）若不割得三镇土地人民，决不可和。（山）

（37）今三尺之童皆曰虏不可和，未知庙堂以为如何。（绍）

（二）叙述的否定

1. 不是

用于对某一情况的否定，同于今义，共6例，如：

（1）此必大国之意也，如使副不许借路过关，赵诩不许汉人归女真，其意一同，若不是祗重贵朝皇帝御笔亲写来，更无好说话也。（燕）

（2）不是本朝要断绝，自是贵朝惜物。（燕）

（3）必不是朝廷如此，恐是四方勤王之师各奋忠义，自相结集，故来劫寨。（靖）

（4）元帅问你，当时不是曾随皇帝来军前么？（绍）

按，此例与上三例有所不同：这里的“不是”用于反问句中。

2. 不止

表示不限于某一范围或某一方面，与今义同，共2例：

(5) 我们过河去后，不止要这些物。(绍)

(6) 虏万里入寇，如此之盛，不止今日一战。(采)

3. 未必

表示委婉的否定，与今义同，共2例：

(7) 我若严备边防，屯集大军，示以威信，遣一介辩士议之，彼方内顾不暇，未必不成上策。(茅)

(8) 今虽增数，虏未必受，故曰虚数。(绍)

4. 难以

表示不易做到，以此来进行否定，共3例：

(9) 割还燕地讲好事，主上已许，难以爽信。(茅)

(10) 兼贵朝收了燕山逃去职官……贵朝已先失约，山后地土虽系所许，难以便行交割。(茅)

(11) 江南恐其包藏祸心，侵凌不已，实恐难以立国，遂遣岳飞收复襄、邓等州故地，则非本朝生事相侵，亦须相察。(绍)

第五章　介　词

本书中的介词，以古代汉语介词为主，在相对多见的 32 个介词中，见于先秦的就有 24 个，它们的用例也比较多，而中古以后新产生的介词却只有 8 个，且用例都不太多。本章中，我们对上述 32 个介词按其功能及引介对象的不同，进行大致的分类，并择要加以讨论。

一、处所、方位

1. 在

共 32 例，大都表示处所（30 例），只有极个别的表示时间的用例（2 例）。

表处所的“在”与宾语构成的介词结构在句中以做状语为多，此外还有一些做补语的，以下分别来看。

① 做状语

“在＋宾语”做状语的共 21 例，如：

(1) 兼赏军银绢二十万，在涿州未交，安得便辞？（燕）

(2) 粘罕、兀室皆在应州南傍山作营。（茅）

(3) 上马到安远门登城，见何灌人马在城脚下摆布。（靖）

(4)（秦桧）今带职名宫观，在温州居住。（绍）

(5) 须要在江上看兵势，盖上遣我来，当进不当退。（采）

② 做补语

这样的用例相对少一些，共有 9 例，如：

(6) 若如此说，即数十年前事，岂可套在誓书中，有甚际涯？（燕）

(7) 武举进士，取在义策，弓矢特其挟色耳。（茅）

(8) 珠玉待尽般（搬）在宣和殿，一齐将去。（靖）

以下是表时间的“在”，仅 2 例：

(9) 在议间,会有人报:“南朝遣王侍郎一行奉使来到磁州,被百姓唤作贼臣,已撕擗了也。”(山)

(10) 在行期日,已闻警报,亦尝禀白参政,若未出疆有警,合与不合前去。(绍)

2. 就

表处所的介词“就”大致意为“在”“就在”,本书中共8例。例如:

(11) 乌歇高庆裔行次,多是理会旧例,计较礼数,如乞就都亭驿安下,上殿赐宴……之类。(燕)

(12) 次日令皇叔蒲结奴、相温并二太子斡离不者就一毡帐中约说话。(茅)

(13) 却到野地铺褥就地坐。(靖)

(14) 国相请使副与伴使就幕次相聚。(山)

二、方向

1. 向

共9例,其中有4例是表示方向的,另有5例分别是表示处所和对象的。表示方向的例子如:

(1) 药师向西退身,斡离不返顾三宝奴等,番语少顷,催使人回。(靖)

(2) 见老幼辎重并出向西去。(绍)

(4) 公举旗挥出海船五分之二,其半向北岸上流,直渡杨林河口。(采)

还有一例采用的是古代的形式:

(5) 阿骨打与骨仑郎君并马南向立,诸军马三面整旗摆立。(茅)

表示处所的有3例,大致可以理解为“在”:

(6) 有一归朝官向望之前附耳云:“估价是好意,侍郎高估价不妨。”(靖)

(7) 来者使臣却也敢向前覆事,也不可得。(绍)

(8) 引某等向前礼毕,令译者问云……(绍)

以下 2 例是引介对象的：

(9) 某等于岸上伺候人马间，见一人作燕人装束，向某等说话，云是济州人，姓潘。(绍)

(10) 若虏船自杨林河口出，即齐向射之，必争与死，无令一船得出岸。(采)

按，此例有点特殊，句中介词“向”的宾语省略了，或者说是和动词“射”共用一个宾语“之”。

2. 往　望

“往”仅 2 例，表示动作的方向，可以理解为“朝”“向”等。

(11) 少顷，一骑前来，令绘等一齐上马，联骑往天长去。(绍)

(12) (韩世忠)在扬州，来时却往镇江去，不见得有多少军马。(绍)

“望”可以看成介词“往”的另一写法，也只有 2 例：

(13) 遣语音高大者过濠，望金人军前声言。(靖)

(14) 良臣等亲见人马出扬州东门，望瓜州去。(绍)

三、时间

1. 待

共 3 例，引介动作的时间条件，相当于“等到……(的时候)”。

(1) 粘罕且笑且言：“贵国与契丹家厮杀多年，直候敌不得，方与银绢。莫且自家门如今且把这事放著一边，厮杀则个。待你败时，多与银绢；我败时，都不要一两一匹，不知如何？”(燕)

(2) 至于罢常胜军请受，尤宜绊缓，待其辟田就绪，乃可罢也。(茅)

(3) 四则忌选择兵将，头项递相照应，待其退回，前邀后掩。(茅)

2. 当

共 5 例，其中 4 例表示时间，另有 1 例表示条件。

表时间的“当”可以理解为“在”，例如：

(4)(萧)干当此之际,所领兵不多,又料药师既叛,恐其不从,虑祸及身,遽起启钥而去。(燕)

(5)当此紧急报国之时,在大王不得不勉之。(茅)

(6)譬如富人家,有贼三两人当昼逾墙,而主家觉之……(靖)

(7)贵朝当今之时譬如著棋一般。(山)

表条件的“当”可以理解为“面对”:

(8)当此形势,于复地未为急,而防后患乃急务也。(茅)

3. 及

共8例,大致相当于今之“当(等到、到了)……的时候”,例如:

(9)及夏国引兵数万袭天德军,女真都元帅遣其偏将宁术割、娄宿、孛堇统兵七千,与夏人逆战于阿磨下水,夏人败走。(燕)

(10)及见相国,却有面议之事;临时甚是艰难。(山)

(11)及闻上宣谕亲擢之语,朱相曰……(绍)

(12)初不与军中人相识,及到此,与萧团练同事。(绍)

与一般介词不同的是,“及”不能带名词性的词语做宾语,而只能与动词性的成分配合使用,通常这个动词性的成分是一个述宾结构,如后三个例子;此外,也有与主谓结构配合使用的,如例(9)。

4. 临

与“及”一样,“临”也只用于动词前,表示接近于动作行为发生的时候,共5例,都用于“临行”中。例如:

(13)临行以三事白童贯。(茅)

(14)设如私家,只遣一仆干事,临行亦须丁宁而后遣。(绍)

5. 及至

大致义为“等到……的时候”,仅1例:

(15)如贵朝言定山后,更别无经略,及至先交了蔚州,却纵兵马取夺。(茅)

6. 方

相当于今之“在”或“当”，共2例：

(16) 时事如此，方用人之际，岂可听小儿子谮诬，欲害士大夫乎？(茅)

(17) 如绘固不足恤，顾一行礼物、私觌等，方今调发之时，亦何忍轻弃？(绍)

四、所自

这类介词是表示动作的地点或时间起点的，主要有以下几个。

1. 自

共69例，用法也相对复杂一些，主要有以下三种。

① 表示时间起点，共有41例。例如：

(1) 贵国兵马去西京甚好，自今日议约既定，只是不可与契丹议讲和。(燕)

(2) 南朝每谓燕人思汉，殊不思自割属契丹已近二百年，岂无君臣父子之情？(茅)

(3) 皇子郎君意亦如此，但自入界不见遣使来，制脚不定到此间。(靖)

(4) 自是兼程前去，日被省札催督。(绍)

(5) (秦桧)自前年归朝廷后，实曾作相一年。(绍)

(6) 我自去年煞做无道理事，至今日，饶我也由你辈，杀我也由你辈。(采)

这类介词的宾语比较复杂，有动词性词组(最多)、名词及名词性词组和代词等。

此外，“自”还有与“以来”和“来”配合使用的，各见1例，即：

(7) 燕地乃中国北户，自祖宗以来有志恢复。(茅)

(8) 自入境来，并不曾杀一人，房屋不曾拆著，你们都见。(绍)

② 表示处所起点，共有25例。例如：

(9) 良嗣自咸州会于青牛山，谕令相随看。(燕)

(10) 凡野兽自内赴外者，四围得迎射；自外赴内者，须主酋

先射。(茅)

(11) 忽刘宗吉自壁衣下出。(茅)

(12) 臣所见,自天长至辰州挞懒大寨,五寨共有二万人。(绍)

这类介词的宾语比较简单,都是方位、处所名词或方位结构。

③ 表示人、事的某一范围的起点,只有3例,且都见于《茅》中。

(13) 我家自上祖相传,止有如此风俗。(茅)

(14) 某跃马驰逐,引弓一发殪之。自阿骨打而下皆称善。(茅)

(15) 宗振等自陕西六路,河东北诸路武臣遍称举之,贯皆摇首云……(茅)

2. 由

共6例,都是引介动作的起点或经由之处的。例如:

(16) 诏遣中奉大夫右文殿修撰赵良嗣假朝奉大夫由登州泛海使女真。(燕)

(17) 童贯交授银绢毕,离太原,由真定府、河间、莫、雄州入燕。(茅)

(18) 国相曰:"使副们行甚路来?"履曰:"某等由井陉来。"(山)

3. 从

共10例,可以分为以下两类。

① 引介动作的起点或经由之处,共7例,如:

(19) 我皇帝从上京到了,必不与契丹讲和。(燕)

(20) 译者云:"半月后望再有使来,不来亦不妨。果有使来,从甚路来?"某等云:"取元帅指挥。"译者云:"只是从扬州来。"(绍)

(21) (虏)以避暑为名,诈示渡汉江,从上流以窥吴会。(采)

另有个别用例是引介动作发生的地点的,相当于"在":

(22) 虏见船无归路,即从下流放火自焚。(采)

② 引介动作行为发生的时间，共 3 例：

(23) 郎君们岂不知契丹银绢，从初厮杀了数年后，因讲和，方才与了三十万。(燕)

(24) 且如夹攻，本国兵马从今年正月已到中京，因甚不使来夹攻？(燕)

以下一例中，“从”与“来”配合使用：

(25) 说道韩家有几万，岳家有几万，都在淮南。从入界来，何曾见一个？(绍)

五、对象

1. 对

共 5 例，都是引介动作行为涉及的对象的。例如：

(1) 方燕人离心，日思南归，而燕之精锐不满千骑，耶律淳新立，而女真已平山后，事势逼蹙，实见如此，所以对太师尽言之。(茅)

(2)（皇上）又曾对李纲云：“可惜走了。”(靖)

(3) 适魏侍郎对丞相非敢失礼，容但备说艰苦，且望丞相优容，使毕其说。(绍)

(4) 臣等初见之，首言京城下曾对陛下言以盖房屋为喻。(绍)

2. 为

引介动作行为的受益对象，相当于今之“给”“替”等，共 14 例，按其宾语是否可以省略，分为以下两类。

① 不省略宾语

共 7 例，如：

(5) 使人回，为我语皇帝，事当亟决，使人亦疾回，我欲二月十日巡边，无误我。(燕)

(6) 某之此来，非寻常礼貌之使，每切畏谨，唯恐为两国生事。(茅)

(7) 大臣为陛下画用兵之策，但见有可击之理，而不知无可

用之人，此不思之甚也。（靖）

（8）更为我渡一遭，我欲观之。（采）

② 省略宾语

也有 7 例，如：

（9）食罢可行，为传语童贯：欲和则仍旧和，不欲和，请出兵见阵。（茅）

按，句中“为传语童贯”即“为我传语童贯”。类似的用例只见于对话中，且省略的宾语大都是第一人称代词“我”（5 例）。

（10）更幸太师、尚书因见国相，再为禀知。（山）

（11）如到京师，烦为再三奏知贵朝皇帝，承遣使命远来颁示宸翰及礼物等，不胜感荷。（山）

以下 2 例中分别省略了“你”和“他”：

（12）若水曰：“某等来时面奉本朝皇帝圣旨，……愿国相元帅以生灵为念，盟好为心，早与通和，则天下幸甚。”庆曰：“容某等先为译知国相。”若水等称诺，乃归幕次。（山）

（13）某等问蔡太学见任。答曰：“任敷文阁待制。他儿子蔡松年，见在三太子处作令史。近来本朝又为于燕山府，用一万贯钱买一所宅子。蔡太学云犹胜于他汴京宅子。”（绍）

“为”的用法比较复杂多样，除上边讨论的外，常见的还有用为表示被动的介词，用为因果连词等，这些我们将分别在有关的部分予以讨论。以下，我们再举例说明介词“为”的另外两种用法和意义。

① 引介原因

这本是“为”在古代汉语中的常见用法，本书中用得不多，仅有 5 例。如：

（14）本约到西京以兵相应，却为牛疫死且回，候来年约日同举。（燕）

（15）兼本朝亦岂为此未交割地土愿致兴师？（茅）

（16）既来讲和，却为甚教韩世忠来掩不备？（绍）

② 引介目的

也有 5 例，如：

(17) 庆曰:“使副们缘何事来?”若水曰:“某等为和议来。”(山)

(18) 又见馆伴使萧庆、刘思前来相见,曰:“使副们此者缘何事来?”若水曰:“某等此者亦为和议来。”(山)

(19) 某使人来此,专为恳请大国和议。(绍)

六、依据

1. 依

共13例,都是引介动作行为的凭借或依据的,大致相当于今之“按”“根据”“依照”等。例如:

(1) 以计议依祖宗朝故事买马为名,因议约夹攻契丹。(燕)

(2) 今来又将银绢折当税赋,一定之后,不论凶荒水旱,每年依例送来。(燕)

(3) 并依估定价折作绫锦……细果等物。(茅)

(4) 如或未曾,即请大金军马进于燕城之北,本朝军马进于燕城之南,依元约夹攻之。(茅)

(5) 万一和议之后,依前生事,定又是败盟约。(山)

以下一例是与“一般”(一样)配合使用的:

(6) 南朝怎生不依契丹一般与我银绢?(燕)

2. 据

共11例,引介做出推论或判断的依据,相当于今之“据”或“根据”,例如:

(7) 据良嗣等所奉御笔处分,先夹攻燕京了日,然后夹攻西京。(燕)

(8) 据燕地所出税赋并课程计数兑换。(燕)

(9) 据代州奏探报,阿骨打已到奉圣州。(茅)

(10) 据三镇赋入所得增作岁币,庶几和好永远。(靖)

(11) 据本处巡检申,风色暴猛,渡江不得。(绍)

(12) (虏军)据所见不及二万人,据刺探及虏人说,四路有

人，每路十万，然皆不曾见。（绍）

七、工具

1. 用

共10例，引介动作所用的工具或凭借，例如：

（1）遇阿骨打聚诸酋共食，则于炕上用矮抬子或木盘相接，人置稗子饭一碗，加匕其上。（茅）

（2）自福宁殿西廊下转过宣和殿，珠玉皆用笼匣盛放。（靖）

（3）至巳时，引某等转西至河边，令某等下马，前用大斧斫杀三十余人。（绍）

（4）遂同行到宝应县，用一黄河渡船摆渡人马。（绍）

（5）近来本朝又为于燕山府，用一万贯钱买一所宅子。（绍）

2. 将

共5例，相当于“用”“拿”等，例如：

（6）假如要一两个小县，何不将文字来评会？（燕）

（7）据靖所见，先将燕京六州二十四县为定，岁交契丹银绢之数，其平、滦等州别作一头项再觅去。（燕）

（8）今来又将银绢折当税赋，一定之后，不论凶荒水旱，每年依例送来。（燕）

（9）当初只合将船守杨林河口，不合放贼令出。（采）

八、与同

1. 同

共18例，引介动作的另一个施行者，与今之“跟”相同，例如：

（1）适来三相公再奏，已差下撒卢拇、杨天寿同龙图去，不须尚书宣赞行。（燕）

（2）敢去时煞好，来日同我家使臣前去。（茅）

（3）我已遣使副同你家大使南去。（茅）

(4) 向时第一番到汴京,皇帝同张邦昌来军前为质,我曾亲自说与皇帝。(绍)

(5) 虞候即日同杨存中、志闵渡江至瓜州措置。(采)

另有1例"同"表连同,相当于今之"连……一同(起)":

(6) 上云:"女真贪暴,残贼民物,虽黄巢不是过也。岂能久耶?然彼既入关,先据燕京,朕恐为后患,故不惜岁增百万缗以啖之,且解目前之变。今既同山后许还,亦足见其归意。斯亦卿等之力。"(茅)

2. 共

同于"同",共3例:

(7) 便来乞和,须说与已共南朝约定,与了燕京。(燕)

(8) 不若与去,共他大朝交欢也,胜似与河西家。(茅)

(9) 衣服官制之类,皆是宇文相公共蔡太学并本朝十数人相与评议。(绍)

3. 与

共131例,用法比较复杂,其中最主要的用法是引介动作行为关涉的对象,与今之"和""跟""同"相当。这样的用例共有98例,例如:

(10) 攻上京城破,遂与阿骨打相见于龙冈,致议约之意。(燕)

(12) 阿骨打与其妻大夫人者于炕上设金装交椅二副并坐。(茅)

(13) 既是上皇禅位,无可得争,却与他讲和休。(靖)

(14) 且待提兵去与李宣抚决胜负则个。(山)

(15) 聿兴今来,方敢独自与侍郎、团练相见。(绍)

这样的"与"所带的都是指人的宾语。

在个别的用例中,"与"的宾语省略了,如:

(16) 愿国相元帅以生灵为念,盟好为心,早与通和,则天下幸甚。(山)

按,"早与通和"即"早与本朝通和",此为对话中的省略。

除以上的用法外,"与"还有以下几种用法:

① 引介比较的对象，表明相同或不同。这样的用例共有 7 个，例如：

(17) 今来所计议事节，与自家上京时说底话煞别也。(燕)

(18) 唐明皇奔蜀，肃宗即位于灵武，但期中兴，岂不与此事体一同？(茅)

(19) 良嗣昨有申到语录，与你所说不同。(茅)

(20) 本朝今则煞有忠义之士辅佐今圣，与昔日事体不同。(山)

(21) 且以淮南盐税论之，岁一千万缗，与岁币孰多？(绍)

这样的“与”所带的宾语都是表事物的名词性词语。

② 引介动作的受益对象，大致相当于今之“替”“给”等。这样的用例共有 13 个，例如：

(22) 此是契丹男媳妇，且教与自家劝酒，要见自家两国欢好。(燕)

(23) 且杀了一个南人，即是与契丹报仇；杀了一个女真，亦是与契丹报仇。(茅)

(24) 少顷，国相令人传语，送羊二羫，酒三十瓶，钱一百贯，与使副洗尘。(山)

(25) 丞相遂令人用番书译过，共传看后大喜，遂与张侍郎转两官。(绍)

(26) 我今日只办两眼随你们，成得功大，与你填大底官诰；立得功小，填小底官诰。(采)

这一类也有介词宾语省略的用例：

(27) 奏请河北路置四总管：中山府辛兴宗，真定府任元，河间府杨惟忠，大名府王育。各为逐路副都总管，皆与招集逃亡军人及招刺诸处游手人充军，以为备边之画。(茅)

③ 用于动词后，引介交付、传递(抽象或具体的)的对象(接受者)。共有 13 例，例如：

(28) 且如本国八九年来方尽得契丹旧地，好处唯是一个燕京，已许与贵朝。(燕)

按,此例中“许与贵朝”即“许贵朝”,“与”在此引介动词“许”的对象“贵朝”。以下各例均应作如是观。

(29) 河西家累次上表,欲兴兵夹攻南朝,本朝每将表章封与南朝,不肯见利忘义,听用间谍。(茅)

(30) 今宣司已退沮,又岂可以我之腹心尽露与外夷?(茅)

(31) 即有城下之盟,许割与他三镇,那租赋便是这里底,怎生更上说也?(山)

(32) 诸将咸问公何故,遂说与诸将。(采)

这一类也有介词宾语省略的用例,如:

(33) 见粘罕可说与,教早放还。(绍)

按,此例可与例(32)相比较,可以比较的例子再如:

(34)我曾亲自说与皇帝。(绍)

九、连同

1. 连

表示连同在内,仅1例:

(1) 某本不欲理会西京事,公必欲为言,必连山前事坏了。(茅)

2. 和

共6例,意义、用法与“连”相同,例如:

(2)靖等来时,只听得特许燕京六州二十四县地与贵朝,今来却和西京、平、滦都要,怎生了得?(燕)

按,“和西京、平、滦都要”即“连西京、平 、滦都要”,下同此。

(3) 若是和燕京、西京、平、滦州都要后,方许契丹旧日银绢之数,如此则空费往来,和合不得。(燕)

(4) 大抵地土重于人民,地土已许了,更和人民要,更别无酬答,更无致谢,怎生了得!(燕)

(5) 我若与你,又是和西京人民存住不得。(茅)

表连同的“和”大都与范围副词“都(并)”配合使用,单独使用的仅例(4)1例。

十、逐一

1. 逐

共9例,表示动作行为按次逐一进行,与今之"每""一……一……地"相当。例如:

(1) 百寮军人等都不肯许西京,惟是皇帝要与贵朝永远交好,特与西京地土并民户,更不欲逐年要物。(燕)

(2) 金人去家有六七千里,动经一二年,须是逐人得两锭银一铤金方得。(靖)

(3) 耶律忠云:"皇子郎君教逐件估出价钱。"望之云:"此皆稀世之宝,凡目所未睹,如何估得价值?"有一归朝官向望之前附耳云:"估价是好意,侍郎高估价不妨。"望之遂逐件约略高估价钱,通计价钱百万缗。(靖)

十一、排除

1. 除

引介排除的对象,与"外"配合使用,共2例:

(1) 皇帝已议定,更不须理会课程税赋多寡,但只要贵朝除与契丹岁币外,每岁添一百万贯。(茅)

(2) 除诸处占破外,可以入役者三万人,离而为四,又于诸处雇募万人,每城得二万余人。(茅)

十二、关涉

1. 及

共10例,用于动词后,表示动作所达到的范围或涉及的对象。例如:

(1) 我已许南朝燕京,汝到日,说与汝国妃夔离不,勿与南朝交斗,戮及齐民。(燕)

(2) 此本为税赋,元不曾说及课程,却又生此一节。(燕)

(3) 若蒙谕允,便告示及一的确日期,各自安抚边民。(茅)

(4) 次论及犒军金银，可许银三五百万两。(靖)

以下一例中，"及"后的宾语没有出现，大致是承前省略了：

(5) 所论三镇租赋，不须言及。(山)

第六章 连 词

本书中连词的数量较多，其使用的最大特点，就是先秦产生的多且使用频率较高，而中古以后新产生的少且使用频率较低。在我们统计的66个连词中，先秦产生的共有46个，而中古以后产生的则只有20个。就使用频率来说，先秦常用的连词在本书中依然比较常见，如“而”有86例，“故”有32例，“然”有26例，而中古以后新产生的连词不少却只有一两个用例。

第一节 联合关系连词

一、并列连词

1. 与

共29例，与今义同，按其所连接成分词性的不同，可以分为三类。

① 连接名词性词语

这类用例最多，共19例，如：

(1) 元帅与郎君皆言甚好。(燕)

(2) 阿骨打与其妻大夫人者于炕上设金装交椅二副并坐。(茅)

(3) 本朝事体，秦桧与张底一一知得。(绍)

(4) 虞候与叶枢密初六日到建康，是夜被旨，罢王权，以李显忠代之。(采)

② 连接动词性词语

共7例，如：

(5) 朝廷自海上遣使，数年间使客往还与兴起人马应付贵

朝,费用多少?(茅)

(6) 用兵与讲和自是两事,虽指挥勾回,然将在军,君命有所不受。(绍)

(7) 聿兴云:“不知皇帝知与不知?”某等云:“皇帝不知。”(绍)

(8) 今日更不论和与守,直问战当如何。(采)

我们把助动词也归入此类:

(9) 在行期日,已闻警报,亦尝禀白参政,若未出疆有警,合与不合前去。(绍)

这样的形式共有2例。

③ 连接形容词性词语

共两句3例,即:

(10) 试问药师,其马堪与不堪,与元抛数足不足,即见得城内有马不多。(靖)

(11) 使人说得是与不是,实与不实,如何瞒得国相元帅?(山)

2. 及

与“与”义同,共48例,相当于今之“和”或“以及”等。按其所连接成分词性的不同,也可以分为三类。

① 连接名词性词语

此类最多,共32例,如:

(12) 西京及平、滦三州地土不多,可一就议定。(燕)

(13) 各跪上寿杯,国主酬酌之次,令南使上寿杯于国主及夫人。(茅)

(14) 次日望之入城,具奏耶律忠交割珠玉之意及邦昌所说。(靖)

(15) 良臣及绘皆曲谢而退到堂。(绍)

② 连接谓词性词语

共有9例,如:

(16) 打球射柳及所在宴饮,必召同集。(燕)

(17) 金人何故要添许多岁物及起燕京人民?(茅)

(18) 仆辞以未见九大王及未得回书,不敢受贶。(茅)

(19) 江南别无他意,许立和议,实为感幸,岂肯更敢虚诈不实及胡乱杀戮?(绍)

③ 连接句子

共 7 例,有的与今之"又"相当,如:

(20) 为感南朝皇帝好意,及燕京本是南朝地,特许燕云与南朝,候三四日便引兵去。(燕)

(21) 我自得你茹越寨所申条画事件,即行文下太原、真定、中山、河间、燕山府路,令分定策应牵制路分,及令郭药师排办军马出城下寨。(茅)

(22) 见斡离不,但讦国家违盟,纳受归朝官,及赐平州张觉杀金人之诏。(靖)

(23) 十月初十日,御前金字牌至,令寄留礼物、私觌在镇江府,取天长路出陆前去。并据镇江府备准尚书省札子称,良臣等显是故做迁延,分析住滞因依。及令韩世忠差近上使臣一员,专一催促出界。即时仓卒治行。(绍)

3. 并 并及

"并"义同"及",共 20 例,几乎都是用于连接名词性词语的,如:

(24) 此不难,据燕地所出税赋并课程计数兑换,自然不错。(燕)

(25) 次日令皇叔蒲结奴、相温并二太子斡离不者就一毡帐中约说话。(茅)

(26) 国相传语使副,承远来,无以为谢,白马一匹并银鞍衔一副,将花罗三百匹,香药一合,上正使侍郎。(山)

(27) 泗州来所在州县,多见恤刑诏书并戒石铭。(绍)

20 例中,有 2 例"并"连接句子,此时义同"并且",一例已见前例(23),另一例见下:

(28) 左边用紫布遮壁,某等认得是毡车子上所用之物,傍有四人坐,皆衣浑纱短袍,裹头巾,着球头靴,右边有纻丝战袍、

或着毛衫军官五十余人，并有全装甲士十余人。（绍）

“并及”是同义连文，义同“并”或“及”，共有2例：

（29）岁暮虏退，言章论列马承家并及魏良臣，皆罢。（绍）

（30）万户一人直入，即其帐中杀之，并及其帐中妃侍五人。（采）

4. 同

表示同时进行的动作，义同今之“同时”，仅1例：

（31）十九日上命叶枢密督视江淮军马，同命虞候参谋军事。（采）

5. 至于　至如　如　且如

这一组连词都是表示提起相关的另一事的，与今之“至于”同。

“至于”共2例：

（32）请便依契丹旧礼之例相待，看管朝夕便是。至于商量事节，便可以一面与决。（燕）

（33）又每人姓名并地名，只作汉语音，料止是译音不改，至于人姓名，则不能变矣。（绍）

“至如”仅1例：

（34）首当缮篱落，次招抚流民，又次当置弓箭手，最后授常胜军田也。至如罢常胜军请受，尤宜款缓，待其辟田就绪，乃可罢也。（茅）

“如”的用例较多，共有10例，如：

（35）若贵朝不欲，只发遣郭药师等军还乡亦得。如平、滦、营三州，本不属燕京所管，非奉圣州已许事，不须道也。（茅）

（36）仆曰：“兵家当怯守猛战，今女真兵少力分，见处危道，安得不自防？故以巡边意迫视朝廷之应。如仆前日所论徐制女真三策，比见形势正当用之。（茅）

（37）某等答云：“经略州县事，前此书中并不曾言及。止是淮南不得屯兵，本朝一如大国所教。如韩世忠掩袭事，某等实不预闻。”（绍）

（38）聿兴密语云：“侍郎、团练却回也，如聿兴等，何时离得

涂炭?”(绍)

“且如”共 5 例,如:

(39) 粘罕云:“西京地土亦是不少,已与地土,又要人民,更道本国贪财,莫不相应么?且如西京地土都是两朝皇帝相重,据理贵朝皇帝更添物,金国皇帝道:‘不须添物’,乃是好事。”(燕)

(40) 若今且把复盟了当,些小人口,足可商量。且如向日自海外计议,虽未立誓,天地神明实已临察,宜各存信义。(燕)

(41) 国家幅员虽广,然出产金银不过五七处,岁贡有定额,间有不登其数。既有岁贡,即有岁用,如何有许多积蓄?且如马,国家下川陕两路,以茶彩博买西南夷及西番马,岁不过一二千匹。(靖)

此外,另有 5 例“且如”表示举例或打比方,大致与今之“比如”相当,如:

(42) 郎君等未可一向自强,一概轻易汉人。且如契丹昏主,七八年前煞有轻易贵国之意,如今契丹之强却在何处?(燕)

6. 一面……又(一面)

表示两个动作同时进行,与今之“一边……一边”同,共 2 例:

(43) 既一面遣使,又一面进兵,却容易退走,是何颜面?(茅)

按,此例中前有“既”,因此也可以认为是“既……又”的形式,关于这一形式,我们将在后面谈到。

(44) 若一面讲和,又令人来掩不备,如此终恐误事,只恐你江南终被将臣误事。(绍)

7. 既……又

同于今义,表示两种事情同时发生或两种情况同时存在,共有 3 例,前边已有 1 例(例 43),另 2 例是:

(45) 今既要金帛,又要割地,而彼无一物与我,岂可谓之买卖?(靖)

(46) 自后李成侵扰不已,既招诱德安,又结杨么,欲裂地而王之。(绍)

8. ……则……则

用于表明并列的事物或指明顺序，都与数词连用，共2例：

(47) 金人方自以不报师期，恐王师定燕之后守把关口，彼不得岁入金币，故遣使通议，一则接续和议，以邀岁币，二则使来窥我动作趋向。(茅)

(48) 且贼所忌者有四，所幸者有三：一则忌郭药师下常胜军勇于战阵。二则忌何东、河北两路坚城可守，卒不能攻。三则忌各敛民兵城守养锐不轻出战。四则忌选择兵将，头项递相照应，待其退回，前邀后掩。(茅)

9. 先……然后

表示动作行为的先后顺序，有时前一动作有为后一动作的条件之意，共4例：

(49) 据良嗣等所奉御笔处分，先夹攻燕京了日，然后夹攻西京。(燕)

(50) 须是先得燕京，然后交割西京，固自有次第。(燕)

(51) 使女真军马先入居庸关，收下燕京，然后多以岁币赎之，此为万全。(茅)

(52) 计议事已定，但近日有燕京界职官赵温信……等逃去南界，请先遣回，然后可议交割月日。(茅)

二、递进连词

1. 兼

义同今之"而且""再加上""再说"等，共35例，如：

(1) 对以："税赋课程自是两事，其理甚明。兼前番临时曾言夏税秋赋，如碎杂豆油之类，如何般运？设若本朝委曲从之，莫须折当？"(燕)

(2) 山前后相为表里，阙一则不可守，兼御笔令力争，岂可不尽心理会？(茅)

(3) 国相曰："昨已差使往汴京，会以黄河为界，三镇事更不须议，兼未知果有王侍郎等来交割地界否？"(山)

(4) 今来既是大国之兵,必不敢妄动,兼使人此来,一心只望和议早定。(绍)

2. 不惟　不唯

"不惟"用于递进复句的前一分句中,义同"不但""不仅"等,常与"亦""兼"等配合使用,共3例:

(5) 外为契丹昏主犹领残兵,不先下了燕京,不惟为金国之患,亦恐去南朝作过。(燕)

(6) 况交结女真,恢复燕山事,乃是大王经手,今有此窟窿,却需大王与补了。不惟在别人不知金人情伪,不能补得,兼不得使别人补了。(茅)

(7) 不惟诸处选刷,尽有可用军马,廉颇思用赵人,如河北路民兵足得调拨使用。(茅)

"不唯"同于"不惟",共有4例:

(8) 诸人闻已达京师,若悉还之,不唯失燕人之心,且彼必见衔,尽告吾国虚实,所系非细。(燕)

(9) 女真所言实有应验,本朝不唯救应燕地,亦欲自固边隅。(茅)

(10) 燕中自罹兵火,田地荒旷,招置弓箭手,如陕西新边法,许诸色有武勇少壮人投充,每户给田二顷五十亩,官给耕牛战马种子,分官统隶,不唯荒田得耕,兼籍兵威守边,压服新附人心。(茅)

(11) 如某至愚,亦知常胜军他日必为患。然而自今女真顾虑,未敢辄肆举兵者,盖忌此项军也。若遽削之,不唯金人窥觇,兼此军即便起变,是自引惹,莫若因而用之。(茅)

三、承接连词

1. 于是

与今义相同,共有8例:

(1) 阿骨打与良嗣把盏酬酢曰:"……自家、南朝是天地齐生底国主皇帝,有道有德,将来只恁地好相待通好,更不争要做兄弟。这个事是天教做……"于是差使副以攻破上京俘获盐铁使苏寿吉来献，其意以为既以燕地割隶中朝，以寿吉本燕人，故献之。（燕）

(2) 宣抚司使张宪等持书入燕，燕王得书，执二人斩之。知游说不行，于是募某借阁门官宣赞舍人以往。（茅）

(3) 是时某父亦同行，遂以与良嗣辨论事白父，谓某曰："……既如此论议，后必误国，汝宜速奏论之。若不从，即乞罢，无阿随误大计。"仆于是密画利害，论女真不可使入关，要当进兵先取燕京，则金人自服，边境可定。（茅）

(4) 自古两国议和，皆以势力相孚，不能相下，于是有讲和修睦之请，息兵安民之议，未闻以弱和强，彼初无畏惮，曲意定和者也。（绍）

四、选择连词

1. 或

与今之"或者""还是"等相当，可以单用，表示两者选一，也可以连用，则表示多项选一。共 15 例，如：

(1) 皇帝已定亲去收燕京，候收燕京了，却来商量。或与不与，在临时。（燕）

按，此例有些独特，选择连词"或"用于选择的两项的前边，而不是用在它们中间。此例可以与以下一例做比较：

(2) 但皇帝知赵皇诚心，不忍绝好，燕京候平定了日，与或不与，临时商量。（茅）

(3) 粘罕云："……且如西京地土，都是两朝皇帝相重，据理贵朝皇帝更添物，金国皇帝道：'不需添物'，乃是好事。或金国皇帝道：'便与西京，更不要一物。'贵国皇帝却道：'须添些物。'乃是相顺。"（燕）

(4) 遇阿骨打聚诸酋共食，则于炕上用矮抬子或木盘相接，人置稗子饭一碗，加匕其上，列以齑韭、野蒜、长瓜，皆盐渍者。（茅）

(5) 又言:"今后通好,不知或为弟兄? 或为叔侄? 或为知友?"戳谕以敌国往来,只可用知友之礼。(茅)

另有1例"或"用为假设连词,义同"如果",附列于此:

(6) 国相曰:"贵朝当今之时譬如著棋一般,既败,则补其余。或顾惜,恐一起带累了不可知。"若水曰:"本朝若顾惜,又岂肯以三镇租赋奉贵朝也?"(山)

2. 为复

义同"还是",用于选择复句的后一分句句首,共3例,如:

(7) 誓书要传万世,亲写故知是厚意。两国相重,书状往还,写得真楷是厚意? 为复写得惹笔是厚意?(燕)

(8) (仆)使人密访之:昨日之战,王师北来耶? 为复燕人南攻也? 既而云:燕师乘隙攻掠。(茅)

第二节 主从关系连词

一、假设连词

1. 假如

仅有1例:

(1) 假如要一两个小县,何不将文字来评会?(燕)

2. 如 如或

"如"共20例,都用于从句的主语之前(如果有主语的话),主句中有的有关联词语"则""便"等,有的不用。例如:

(2) 本待断绝,恐两家不好,据今来地,尽在国书中,若一一从得便好,如不从便休来商量。(燕)

(3) 如南朝不要燕地,则渠国自取之,朝廷不得不发兵救燕。(茅)

(4) 某等此来,上荷国相元帅、太师、尚书台眷,如伴使归见国相,烦斥若水等名致谢。(山)

(5) 如欲厮打,先约定一日,两军对敌则好。(绍)

“如或”同“如”,仅1例:

(6) 若本朝军马乘胜已入燕京,更不请大金人马过关,如或未曾,即请大金军马进于燕城之北,本朝军马进于燕城之南,依元约夹攻之。(茅)

3. 倘 傥 傥如 傥使

“倘”仅1例:

(7) 倘女真必欲割留平、滦、营三州,不全归燕地,则宜各守所得,彼得燕山,使守燕山,我得涿、易,即守涿、易。(茅)

“傥”有6例,如:

(8) 傥强项不进,破国亡家,噬脐何及。(燕)

(9) 傥当时再起种师道,提许多西兵举事,却不至如此误国家大事,每窃叹恨。(燕)

“傥如”仅1例:

(10) 傥如潘致尧时,却回行在,再降礼物等,重有烦费。(绍)

“傥使”也仅1例:

(11) 傥使愚者之虑或有一得,绘虽赴汤蹈火,死无所憾。(绍)

4. 若 若是 设若 若或

“若”的用例最多,共109例,绝大多数都是用于从句主语之前的,但也有个别用于主语后的用例。例如:

(12) 及言契丹军虽寡弱,若止当南军有余,只恐大金来即不支也。(燕)

(13) 大王若往真定,何患无兵?(茅)

(14) 若大王果能付扩三万人,则便有十万军使用。(茅)

(15) 若淮西兵盛,便出大江口,可以援淮西。(采)

“若是”共有4例:

(16) 若是和燕京、西京、平、滦州都要后,方许契丹旧日银绢之数,如此则空费往来,和合不得。(燕)

(17) 此探报传言之误,若是实曾领兵上边,只恁休得?

(燕)

(18) 若是急着手脚好商量时,也须较得些。(茅)

(19) 若是讲和,却存旧好,所有金军,朝廷须是犒劳。(靖)

"设若"共有 2 例:

(20) 设若本朝委曲从之,莫须折当?(燕)

(21) 如今举大兵前来,设若欲取江南州县与他别人,却坏了元帅军马,不晓何苦为他如此?(绍)

"若或"仅 1 例:

(22) 是以江南敢再三恳告,若或不从,却是使不成国。(绍)

5. 若非

表示对某种条件的排除,义同"如果不是",共 4 例:

(23) 若非惜自来和好,已直入雄州矣。(燕)

(24) 若非念自来邻国契好,即分兵数道,整阵齐入,不识贵朝何以御之?(茅)

(25) 若非知书,安能专对?(茅)

(26) 某等虽不才,然被君命远来议和,若非诚信,岂能定事?(山)

6. 万一

表示某种可能性极小的假设,共 13 例,如:

(27) 万一不得已交兵,须各有损折。(茅)

(28) 万一不从,须索提兵直到汴京理会也。(山)

(29) 万一和议之后,依前生事,定又是败盟约。(绍)

(30) 今舟船久系岸,万一临时或有不堪驾用,误事奈何?(采)

二、让步连词

1. 纵　纵使

"纵"义同今之"纵然",共 2 例:

(1) 不过是掳掠得些少四外村民,纵有所得,则利入军人

手，倘有所失，则害在国家。（茅）

（2）纵使某等归去，将何面目敢见本朝皇帝？纵见，将何以为词？（山）

“纵使”义与“纵”同，共有4例，1例已见上，另3例是：

（3）纵使刘延庆果败，亦别有大军在后。（茅）

（4）纵使虏人见许，必复邀增岁赐。（茅）

（5）纵使虏人见还，公观今日朝廷事势，如何守得？（茅）

2. 便

义同今之“就是”“即使”“即便”等，共5例，如：

（6）自家既已通好，契丹甚闲事，怎生和得？便来乞和，须说与已共南朝约定，与了燕京。（燕）

（7）我已许南朝燕京，便我得之亦然。（燕）

（8）我当亲到燕山措置常胜军及制置河北诸帅兵，便他敢来时，亦不失事。（茅）

（9）延庆果是败退，便做官大，亦行军法。（茅）

“便”除了做时间副词（见时间副词一节）和让步连词外，还有一种相当多见的用法，这就是用为关联副词。因为副词一节中未立关联副词一类，而关联副词又和连词关系较密切，所以我们就放在本小节中一并讨论。

做关联副词的“便”共有27例，用于假设、条件、因果等复句的后一分句中，表示承接，与今之“就”相当。以下分别来谈。

① 用于假设复句中

表示在假设的情况下，会有什么样的结果，共有12例，如：

（10）请使副回去，只依契丹与贵朝旧日两地供输人户，勾退涿、易见存兵马，若不退，便将兵巡边。（燕）

（11）我已言定岁添一百万贯，一字不依，更休来商量，便请发常胜军来，及出涿、易州兵马后来，别讲通和礼数。（茅）

另有1例是用“即便”的：

（12）如贵朝辄有分毫议减，即便不成和好。（茅）

② 用于条件复句中

表示在某一条件下,会有什么样的结果,或者是在尚未达到某一条件的情况下,就出现了某一结果,共 7 例,如:

(13) 且如飞狐、灵邱,乃山后地方,未商量定,便来招诱,是何义理?(燕)

(14) 某等恭传得本朝皇帝志诚之意,远来议和,须得国相元帅端的言语归去,便是使人不失职。(山)

③ 用于因果复句中

表示由于某一原因,而产生了某一结果,共 8 例,如:

(15) 兵家贵知己知彼,不可见彼威势,便不顾己事力也。(茅)

(16) 如今讲和,便遣人去止河东军。(靖)

3. 借使

义同"即使",仅 1 例:

(17) 兀室云:"两朝誓书中不纳叛亡,今贵朝已违誓矣。"益答曰:"且勿言诸人未尝有至南朝者,借使有之,在立誓后耶? 立誓前耶?"(燕)

三、因果连词

1. 所以

共 15 例,用于表示结果的分句中,按结果分句在句子中位置的不同,可以分为两小类。

① 结果分句在前者

这一形式,是对古代汉语形式的沿用,共有 4 例,其中有 2 例保留了古代"所以……者"的形式,如:

(1) 所以如此问者,欲速知事之要领耳。(绍)

另有两个不带"者"的用例:

(2) 使人所以滞留,别无他意,但为等候左元帅相见,当面议定,方得遣回。(绍)

(3) 某所以奋不顾身,止念在廷臣寮皆有父母妻子,独主上孤立于此。(绍)

以下一例“所以”两次出现：

(4) 江南所以再三遣使恳请上国，正为生灵不得休息，所以再遣某等前来，欲得早定和议。(绍)

按，此句由前两分句看，是一种形式，由后两分句看，又成了另一种形式。

② 结果分句在后者

共有10例，其中有2例“所以”与“为”和“缘”配合使用，另外8例则是单独使用的。

配合使用的例子是：

(5) 只为贵朝失道理，所以致得如此。(茅)

(6) 孝民屡前逼出城，缘伺候赐金酒果，所以逗留，上马时日落多时。(靖)

以下是“所以”单独使用的例子：

(7) 本朝皇帝圣心喜悦，所以遣良嗣、武仲充贺功使副。(燕)

(8) 方燕人离心，日思南归，而燕之精锐不满千骑，耶律淳新立，而女真已平山后，事势逼蹙，实见如此，所以对太师尽言之。(茅)

(9) 本朝亦怨其悖礼败盟，所以相助，共为讨灭。(茅)

(10) 某等皆是皇帝亲选差来，只是真实，所以遣来恳告。(绍)

2. 既是

表示原因，引出结果或推论等，共11例，如：

(11) 西京州城已蒙见许，既是与了地土，岂有不与人户之理？(燕)

(12)既是上皇禅位，无可得争，却与他讲和休。(靖)

(13) 既是贵朝皇帝不肯交割三镇土地人民，尚何事之可和？(山)

(14) 今来既是大国之兵，必不敢妄动，兼使人此来，一心只望和议早定。(绍)

3. 为

共16例，用于表示原因的分句前，可以单独使用(10例)，也可以与其他词配合使用(6例)，所用的词有“即”“故”“以致”(各1例)和“所以”(3例)。例如：

(15) 为税赋事不相合，本要止绝；数年逾海通好，且欲相成就。(燕)

按，此例所表达关系是“因为税赋事不相合，所以本要止绝”。

(16) 只为所取户口未足，即无交割月日。(燕)

(17) 你为家小在保州，故要我去真定，只是要去保你家小也。(茅)

4. 因

共5例，其中单独使用1例，其余分别与“遂”(2例)、“方才”(1例)、“乃”(1例)配合使用。例如：

(18) 郎君们岂不知契丹银绢，从初厮杀了数年后，因讲和，方才与了三十万。(燕)

(19) 更说襄阳诸郡皆故地，只因李成侵犯不已，遂命岳飞收复。(绍)

5. 缘

义同“因”，共20例，其中单独使用13例，其余分别与“故”(4例)、“遂”(2例)、“所以”(1例)配合使用。例如：

(20) 缘在军上，不及遣使前去。(燕)

(21) 前日开拓燕山，缘久太平，军民不惯调发，故有厌怨。(茅)

(22) 孝民屡前逼出城，缘伺候赐金酒果，所以逗留。(靖)

6. 以致

同于今之“以至于”，仅1例：

(23) 昨来契丹要通和，只为不著“兄”字，以至领兵讨伐。(燕)

7. 因而

同于今义，仅1例：

(24) 只是有变更姓名，或在远地，或闻得根取，因而逃窜，或藏匿山谷，或走过山西，如此之类，如何决要取足？(燕)

四、条件连词

1. 不论

与今义同，表示无条件的条件，即在任何情况下，结果都不会改变，仅1例：

(1) 今来又将银绢折当税赋，一定之后，不论凶荒水旱，每年依例送来。(燕)

2. 不问

义同"不论"，仅1例：

(2) 今来节次承受省札，止是催促行程，不问道路通塞，合作如何处置，却令淮南安抚司召募使臣说谕承、楚州，令放过奉使过界。(绍)

3. 不拘

义同"不论"，仅1例：

(3) 日后国相不拘欲要何物，但请见谕，童太师自当一一奏上应付。(茅)

4. 除

表示惟一的条件，与今之"除非"相当，仅1例：

(4) 自家既已通好，契丹甚闲事，怎生和得？便来乞和，须说与已共南朝约定，与了燕京。除将燕京与南朝，可以和也。(燕)

五、转折连词

1. 虽　虽是

"虽"同于"虽然"，共28例，用于转折复句的前一分句，后一分句中以不出现其他的转折连词为多见，这样的例子共有19个，如：

(1) 良嗣对："今日议约既定，虽未设盟誓，天地鬼神实皆照临，不可改也。"(燕)

另有9例“虽”与其他转折连词配合使用，其中“虽……然”5例，“虽……但”2例，“虽……却”2例。如：

(2) 国家幅员虽广，然出产金银不过五七处，岁贡有定额，间有不登其数。(靖)

(3) 今女真虽乘胜气锐，但兵少而力分，加之天祚未灭，张觉抗衡，国内空虚，新民未附。(茅)

(4) 本朝虽小，却不曾敢失道理。(茅)

“虽是”意义用法同于“虽”，共2例：

(5) 虽是李枢密同过去，缘未曾得使旨，且到都亭驿，同太师等早食罢，与李枢密再对了，方可出门。(靖)

(6) 少保虽是力屈而降，上皇恩德亦何可忘得？(靖)

2. 但

与今义相同，共17例，其中与“虽”配合使用的只有3例(2例已见前)，其余都是单独使用的。例如：

(7) 唯河北路虽雄、霸州至顺安军界有塘泺，但广信军、保州、中山、真定府皆是坦途。(茅)

(8) 所言都好，但蔚、应州亦恐阿适走去，彼处候我家兵马到日来商量。(燕)

(9) 钱物则不较，但借路事恐难从。(茅)

(10) 皇子郎君意亦如此，但自入界不见遣使来，制脚不定到此间。(靖)

(11) 我们也要战，但无人主此事。(采)

3. 却

与“虽”义同，共有35例，其中只有2例与“虽”配合使用。例如：

(12) 又赵诩文字诋毁，虽已写国书，待改变来，却为大信已定，更不改也。(燕)

(13) 本朝与贵国通好五六年，自贵国兵马未到上京时，已有要约，今来却恁地翻变说话，是甚义理？(燕)

(14) 如贵朝言定山后，更别无经略，及至先交了蔚州，却纵兵马取夺。(茅)

(15) 你们来讲和,昨日道韩家人已回,却因甚使人来夺折桥?(绍)

有时"却"的转折意味较轻,与今之"倒是"大致相当,如:

(16) 国家无许多金银,禁中却煞有珠玉等。(靖)

"却"的用法相当复杂,除用为转折连词外,还有不少其他的用法,以下一并讨论。

① 表示顺承,与今之"就"等大致相当,共 21 例,如:

(17) 傥当时再起种师道,提许多西兵举事,却不至如此误国家大事,每窃叹恨。(茅)

(18) 既是上皇禅位,无可得争,却与他讲和休。(靖)

② 表示认定,有时侧重于表示已然,有时侧重于肯定,共有 23 例,如:

(19) 我亦曾听得数年前童贯将兵到边,却恁空回。(燕)

(20) 某等江南数州之地,皆江海陂泽,又无不经残破,却与大齐不同。(绍)

23 例中,有 6 例取"却是"的形式,如:

(21) 元帅性似劈竹,将来使回,却是分毫不可逆。(绍)

③ 表示动作的频率,与今之"再"等大致相当,共 7 例,如:

(22) 遂引所赍礼物金器等,自西而东,于国主面前过,却引出第二重门外,面北立。(燕)

(23) 臣等欲只至雄州,入递缴奏,等候回降却来,庶可相及。(茅)

④ 表示递进,与今之"又"等大致相当,共 6 例,如:

(24) 良嗣徐语兀室云:"贵朝所需,本朝一一从了,却有山后西京地土人民,并系旧汉地。今燕京已了,若将西京一同割还,乃是契义。"(茅)

(25) 兼贵朝已许本朝收取,今燕京既已割还,西京却在西南,贵朝去远,却如何占守?(茅)

按,此例中"西京却在西南"的"却"大致是表示认定的。

⑤ 表示让步,与今之"倒是"相当,仅 1 例:

(26) 你们说得却是,只是难信。(绍)

⑥ 表示出乎意料,义同"竟然",也仅1例:

(27) 我著人马三面逼著,令汝家就取,却恁生受?(茅)

此外,"却"还有动态助词的用法,我们将在下一章中讨论。

4. 然而

与今义相同,共3例:

(28) 南朝大国,文武常分两节阶。然而武有兼深文墨,文有精晓兵务者,初不一概言也。(茅)

(29) 如某至愚,亦知常胜军他日必为患。然而自今女真顾虑,未敢辄肆举兵者,盖忌此项兵也。(茅)

(30) 粘罕缘刘延庆军败,继有张觉之隙,遂听刘彦宗、余睹、萧庆辈语,乘我边面空虚,乃敢渝盟,两路直入。然而见入贼马不多,全在大王乘机应变,力为措画御捍。(茅)

5. 只是　止是

"只是"与今义相同,表示轻微的转折,共7例,如:

(31) 百寮军人等都不肯许西京,惟是皇帝要与贵朝永远交好,特与西京地土并民户,更不欲逐年要物。只是军人厮杀夺得西京不易,请特与个赏设,数目多少。(燕)

(32) 你说得也煞好,只是你南家说话多生捎空,你使副只今便辞,我专遣人使就宣抚司商议大事去也。(茅)

(33) 此番使副煞忠梗聪明,只是所议不肯说尽话。(山)

(34) 你们说得却是,只是难信。(绍)

"止是"同于"只是",仅1例:

(35) 此行甚坦途,止是远涉,亦须过为将护。(绍)

第七章　助　　词

本书所用助词有以下三个比较明显的特点：

第一，使用频率不高。比如动态助词中，"却"仅 5 例，"著"仅 4 例，"过"仅 3 例，而"将"只有 1 例。除此之外，其他各类助词的使用频率也都不很高。

第二，某些在宋代较多使用的助词本书中不见用例。比如，结构助词"个"，事态助词"生"，语气助词"聻""那"和"在"等，都没有出现过。

第三，功能比较单一。本书中所用的助词，有不少只有一种功能，这一点在动态助词中表现得最为突出。如"过"不表曾经，只表完成，而"将"和"取"等也都只表完成或实现，不表持续，等等。而在宋代，上述几个助词在其他作品中往往都不止一种功能。动态助词以外，其他各类助词的功能也都比较单一。

第一节　动态助词

动态助词是表示动作的状态和情貌等的助词，本书中的动态助词主要有以下几个。

1. 却

表示动作的完成，相当于今之"了""掉"等，共 5 例，即：

(1) 良嗣等怒仆不合理会山后，必至坏却山前。(茅)

(2) 某意但了燕山事，即吾曹成功，恐因山后坏却，宣赞何苦相戾？(茅)

(3) 此是奉使合得之物，不可坏却常例。(山)

(4) 你们来讲和，煞是好公事，不如一发了却。(绍)

(5) 我此中捉得你那里人，并不曾杀；你那里人捉得我人

去,亦不要杀却,兼他们何罪?(绍)

以上5例都用于未然,这样,"却"表示的就是"将来的完成"了。

2. 了

义同"却",与今义相同,共49例,如:

(6) 郎君们岂不知契丹银绢,从初厮杀了数年后,因讲和,方才与了三十万。(燕)

(7) 但皇帝知赵皇诚心,不忍绝好,燕京候平定了日,与或不与,临时商量。(茅)

(8) 那收燕山时杀了底许多人是生灵也无?(山)

(9) 如今举大兵前来,设若欲取江南州县与他别人,却坏了元帅军马,不晓何苦为他如此。(绍)

本书中的动态助词"了"既可用于已然,又可用于未然,其中用于已然26例,用于未然23例。

本书中与上例相同的意思偶尔也用"动—宾—了"的形式表示,共有3例,如:

(10) 皇帝已定亲去收燕京,候收燕京了,却来商量。(燕)

3. 著

表示动作的完成或持续,共4例,其中表完成1例,表持续3例:

(11) 自入境来,并不曾杀一人,房屋不曾拆著,你们都见。(绍)

此例表完成,以下的例子则是表持续的:

(12) 去年本国专遣使臣理会恁大军情公事,屯著人马,专专地等候回使相约打灭契丹。(燕)

(13) 我著人马三面逼著,令汝家就取,却恁生受?(茅)

(14) 人家有钱本,多是停塌解质舟船往为兴贩,岂肯闲著钱买金在家顿放?(靖)

除以上用例外,"著"还有表示"附着"义的1例:

(15) 莫且自家门如今且把这事放著一边,厮杀则个。(燕)

此外,还有2例作语气助词,表示许诺和命令语气的用例,一用"著"一用"着":

(16) 若要信道将来必不与契丹通和,待于回去底国书内写着。(燕)

(17) 今特将古北口与贵朝,其松亭关本朝屯戍,更不可说著。(燕)

4. 过

表示动作的完成,共3例:

(18)(聂尔孛堇)又问:"少帝几岁?"绘等答曰:"渊圣皇帝庚辰是三十五岁。"又问:"皇帝几岁?"答以"三十二岁"。万户马上自屈指数过,"来军前时如三十一二,恰是也。"(绍)

(19) 这赋题是本朝张炳文侍郎出,丞相见,问是谁意思,左右云:"事见前汉陆贾传。"丞相遂令人用番书译过,共传看后大喜,遂与张侍郎转两官。(绍)

(20) 某等再三致谢,遂授某左元帅书一封。某等当面看过,遂辞而退。(绍)

5. 将

表示动作的完成,仅1例:

(21) 今大兵已到此,却又教韩世忠前来掩袭,捉将我人去,却又遣使求和,意是如何?(绍)

6. 得

共36例,有表示动作行为的实现与做补语的标志两种用法,以下分别来谈。

① 表示动作行为的实现

此类共有26例,就其出现的环境的不同,可以分为四小类。

A. 动—得

共有8例,如:

(22) 这底只是我怕你们不知,又怕皇帝位高职大后不记得也。(绍)

(23) 本朝事体,秦桧与张底一一知得。(绍)

以下一例有些特别:

(24) 我这里说得底话,望你们到皇帝处一一说。(绍)

按，此例中“说得”做定语，而定语与中心语之间又加了一个结构助词“底”。

B. 动—得—宾

这一类最多，共有13例，如：

(25) 北边种落得中原地，无如拓拔魏。(靖)

(26) 某等恭传得本朝皇帝志诚之意，远来议和，须得国相元帅端的言语归去，便是使人不失职。(山)

(27) 问难往复，半时辰来，见得某等辞直理顺，万户云……(绍)

C. 动—得—补

共有4例，即：

(28) 如便更添得来，折当些小物，必做难易，不若都休，更无商量。(燕)

(29) 若是急著手脚好商量时，也须较得些。(茅)

(30) 只为贵朝失道理，所以致得如此。(茅)

(31) 侍郎不须如此说，且送得七八分来。(靖)

D. 动—得—动

仅此1例：

(32) 左边用紫布遮壁，某等认得是毡车子上所用之物。(绍)

26例中，有14例用于已然，8例用于未然，而其中又有2例用于否定句中，如：

(33) (韩世忠)在扬州，来时却往镇江去，不见得有多少军马。(绍)

② 做补语标志

此类共有12例，“得”后的补语主要是形容性的词语(10例)，个别也有主谓词组(2例)。例如：

(34) 信誓事须要便了，此所系万年永远，须是各说得重则好。(燕)

(35) 使人说得是与不是，实与不实，如何瞒得国相元帅？

(茅)

(36) 见皇帝说射得煞好,南使射中,我心上快活。(茅)

(37) 我今日只办两眼随你们,成得功大,与你填大底官诰;立得功小,填小底官诰。(采)

"得"与补语之间,可以有程度副词(如"煞")以外的其他类的词,如:

(38) 你说得也煞好,只是你南家说话多生捎空。(茅)

(39) 正是军人们放马,遽然到来,却是大齐说得都是。(绍)

(40) 你们说得却是,只是难信。(绍)

(41) 一似人家盖一房子,使椽柱瓦木盖得是好,却须是住房子底人做主,防水火盗贼;若不会照管,便倒塌了。(绍)

以上几例中,"得"与补语之间的"也""是"是表示肯定或强调的,"都"表示总括,而"却"则是表示让步的。

7. 取

表示动作行为的实现或取得结果,共 14 例,出现于以下三种格式中:

① 动—取

只有 3 例,如:

(42) 昨日必是立旗招安,为贵朝军马袭取,万一宣司申取朝廷,降一讨荡指挥,少俟西军毕集,恐非燕民之福。(茅)

(43) 兼贵朝已许本朝收取,今燕京既已割还,西京却在西南,贵朝去远,却如何占守?(茅)

② 动—取—宾

这一类较多,共有 9 例,如:

(44) 承宣若能劝童大王急行奏请,只且割与河东、河北两路地土,以大河为界,存取大宋宗庙社稷,却是能报国也。(茅)

(45) 说道东京人家富庶,家家便设一锭金,今来须官中民间尽底将来赎取性命。(靖)

③ 动—取—补

这里的补语都是趋向补语,共2例:

(46) 枢密、侍郎如今归去后,便可办下所有珠玉等,别作一日便押取来,须有商量。(靖)

(47) 枢密院有前后探报,国书文字卿等可问朱胜非。皆录取去,庶知首尾。(绍)

第二节 事态助词

事态助词是表示事态已经或将要出现变化的助词,它们通常都用于全句或分句之末,有成句的作用。

1. 了

与今义相同,共有32例,分别可以用于动词之后(27例)和形容词之后(5例),例如:

(1) 两朝计议五六年,大事已定。些小事各相说了,却甚好。(燕)

(2) 近闻都统刘延庆一夜走了,是甚模样?(茅)

以下两例"了""也"连用:

(3) 回城中已申时后,入对福宁殿,具奏前件言语。上云:"岂非二太子先去了也?"连云:"是是。"(靖)

(4) 南朝遣王侍郎一行奉使来到磁州,被百姓唤作贼臣,已撕擗了也。(山)

以下是用于形容词后的"了":

(5) 本朝大国,不可容易,不要错了。(燕)

(6) 某此奉待行遣,只不可错了,一旦使燕人尽成血肉,则幸甚。(茅)

(7) 夜来天气大段寒了,未知中原如何?(山)

2. 来

表示曾经发生,与今之"来着"相当,共3例:

(8) 所要系官钱物,曾思量来,也系不是,便待除去。(燕)

(9) 皇帝已定亲去收燕京,候收燕京了,却来商量,或与不

与，在临时。前遣元帅就近代州议事，便是此意。已于王瓌处仔细道来，更不可改。（燕）

(10) 旧日三关也属北朝来。（靖）

除上述用例外，“来”还有两种用法。

一是表示从过去的某一时间直到目前，仅1例：

(11) 且如本国，八九年来方尽得契丹旧地，好处唯是一个燕京，已许与贵朝。（燕）

另一种用法是表示约数，也只1例：

(12) 问难往复，半时辰来，见得某等辞直理顺，万户云：“教你去元帅处。”（绍）

3. 去

与“了”的作用大致相同，但基本上都是表示将要发生的动作的，共10例，如：

(13) 据靖所见，先将燕京六州二十四县为定，岁交契丹银绢之数，其平、滦等州别作一头项再觅去，或肯时亦未可知。（燕）

(14) 若贵朝不能入燕，待本朝打了与去。（茅）

(15) 你说得也煞好，只是你南家说话多生捎空，你使副只今便辞，我专遣人使就宣抚司商议大事去也。（茅）

(16) 然不忍见大王失此，名节扫地，为众人唾骂杀去也。（茅）

(17) 看如今怎奈何刘麟去哩？（绍）

以下一例是表示已然的：

(18) 若只为犒军金银，此已别差一番使人入去，便不须相见。（靖）

第三节 结构助词

结构助词是在句法结构中表示结构关系的助词，本书中的结构助词主要有以下几个。

1. 的

主要用于定语和中心语之间，做定语的标志，共有两句 3 例：

(1) 大抵契丹地土一齐都得，岂有不得银绢的道理？（燕）

(2) 宁术割系是北朝皇帝最亲任听干的近上的大臣，权最重。（燕）

“的”前的定语都是动词性的。

另有 1 例附于疑问代词“甚”后，构成“甚的”，义同“什么”：

(3) 军马已起，更商量甚的？（茅）

2. 底

共 21 例，用法相对复杂一些，主要有以下三种：

① 同于“的”，即用于定语与中心语之间，做定语的标志，“底”前的定语都是修饰性的，并且大都是动词性的，只有个别的定语是形容词性的。这种用法共 16 例，如：

(4) 若要信道将来必不与契丹讲和，待于回去底国书内写着。（燕）

(5) 似恁统领底人败了军国大事，汝家有甚赏罚？（茅）

(6) 那收燕山时杀了底许多人是生灵也无？（山）

(7) 一似人家盖一房子，使椽柱瓦木盖得是好，却须是住房子底人做主，防水火盗贼。（绍）

以上是“底”前是动词性定语的用例，以下一句 2 例则是形容词性定语：

(8) 我今日只办两眼随你们，成得功大，与你填大底官诰；立得功小，填小底官诰。（采）

这样的用例仅此 2 例。

② 用于状语与中心语之间，做状语的标志，仅有 1 例：

(9) 说道东京人家富庶，家家便设一锭金。今来须官中民间尽底将来赎取性命。（靖）

③ 用于代词、名词以及动词性词组后，组成名词性的“底”字结构，共 4 例：

(10) 三宝奴云：“南朝得北朝地固守不得，北朝得南朝地岂

守不得？古人有守得者。”望之云：“耶律德光到汴京不及一月，如何谓之守得?”三宝奴云：“有守得底。”(靖)

按，此例中前有“有守得者”，后用“有守得底”，二者完全相同。

(11) 既有城下之盟，许割与他三镇，那租赋便是这里底，怎生更上说也？(山)

(12) 这底只是我怕你们不知，又怕皇帝位高职大后不记得也。(绍)

(13) 本朝事体，秦桧与张底一一知道。(绍)

按，“这底”义即“这个”，“张底”即“姓张的”。

3. 者

用于定语与中心语之间，与“的”相同，共4例，如：

(14) 自此每盏并系汉儿宰相及左右亲近郎君跪进，又将国主自食者饮食分赐。(燕)

(15) 国书外莫别有议者事否？(山)

(16) 国相先令来问使副一事，赵良嗣是上皇时可上可下者人，今不知在甚处？(山)

4. 地

共7例，按其所附着的词语的不同，可以分为以下两类：

① 附于重叠的副词或形容词之后，做状语的标志。这一用法共有2例：

(17) 去年本国专遣使臣理会恁大军情公事，屯著人马，专专地等候回使相约打灭契丹。(燕)

(18) 本国自去年十一月出兵……已是半年，受了千辛万苦，贵朝才于五月出兵，慢慢地占稳占奸，更说甚夹攻？(燕)

② 附于指示代词“恁”后，共同在句中充当不同的成分。这一类共有5例，按其所充当的成分的不同分列于下。

A. 做状语，共有2例：

(19) 自家、南朝是天地齐生底国主皇帝，有道有德，将来只恁地好相待通好，更不争要做兄弟。(燕)

(20) 本朝与贵国通好五六年，自贵国兵马未到上京时，已

有要约，今来却恁地翻变说话，是甚义理？（燕）

B. 独立成句，也有2例：

(21)（上）又云："恁地后，怎生整顿得起？"（靖）

(22)恰似人家养个义儿，却赌钱吃酒，待赶了，又赶去那里？且只得恁地。（绍）

C. 做定语，仅1例：

(23) 万户大怒云："似恁地事，怎生信得？"（绍）

第四节 语气助词

1. 时

表示假设语气，共9例，按其使用形式的不同，可以分为两类。

① 单独使用

即直接附于分句句末，使得句子有了表示假设的意味，共有4例：

(1) 的确事节，尽在书中，一一从得时便好也。（燕）

按，"一一从得时"意为"如果一一从得"，以下各例均应作如是观。

(2) 阿骨打云："……我今差人入城招诱契丹，令投降，你敢相随前去招谕汉儿么？"仆答："使人留此，本了军国大事，有何不敢？"阿骨打云："敢去时煞好，来早同我家使臣前去。"（茅）

(3) 我当亲到燕山措置常胜军及制置河北诸帅兵，便他敢来时，亦不失事。（茅）

按，此例"时"与让步连词"便"配合使用，使得句子的让步假设意味十分明显。

(4) 侍郎、团练远来，事要早了时，若告他元帅，须似申包胥泣于秦庭下。（绍）

② 不单独使用

即与假设连词"若(是)"配合使用，使得句子的语气稍显舒缓，共有4句5例：

(5) 若自守时，与贵朝为邻，甚无害；若是夏国时，恐西人出没，常为边患。(燕)

(6) 若是急着手脚好商量时，也须较得些。(茅)

(7) 元帅国相若怕贵朝事力时，却不敢便入来也。(茅)

(8) 如今厮杀后，若我们败时，物也作主不得。(绍)

2. 后

表示假设语气，义同“时”，共 2 例：

(9) 若是和燕京、西京、平、滦州都要后，方许契丹旧日银绢之数，如此则空费往来，和合不得。(燕)

(10) (上)又云：“恁地后，怎生整顿得起?”(靖)

3. 么

疑问语气词，共 7 例，按其所表达语气的细微差别，可以分为两类。

① 表示推测语气

这类“么”都与表测度的语气副词“莫(须)”配合使用，使得推测的意味更加突出，与今之“吧”大致相当，共 3 句 4 例：

(11) 西京地土亦是不少，已与地土，又要人民，更道本国贪财，莫不相应么?(燕)

(12) 又问：“韩家在甚处，有多少军马?”绘等答：“在扬州，来时却往镇江去，不见得有多少军马。”又问：“莫是计么? 先你过来，待倒回来厮打么?”绘答云：“他是兵家，讲和人怎得知?”(绍)

(13) 侍郎、团练远来，事要早了时，若告他元帅，须似申包胥泣于秦庭下，不知如今本朝所需底事，莫须应付得么?(绍)

② 用于是非问句中，表示一般的疑问语气。

这类“么”与今之“吗”相当，共 3 例，如：

(14) 萧褐禄又问：“秦中丞安乐么? 此人元在自家军中，煞是好人。”(绍)

(15) 元帅问你，当时不是曾随皇帝来军前么?(绍)

4. 哩

疑问语气词,仅1例:

(16) 万户云:"……说道韩家有几万,岳家有几万,都在淮南,从入界来,何曾见一个?看如今怎奈何刘麟去哩?"(绍)

5. 来

表示提示或停顿,与今之"吧"大致相当,共3句4例:

(17) 又赵诩文字诋毁,虽已写国书,待改变来,却为大信已定,更不改也。(燕)

(18) 邦昌云:"必不是朝廷如此,恐是四方勤王之师各奋忠义,自相集结,故来劫寨。"斡离不云:"待道是贼来,怎生有许多贼?相公们只可道朝廷不知也?"(靖)

(19) 元帅台旨,你们所说待信来,又已前数次失信,待不信来,又怎生全不信得?(绍)

6. 则个

表示建议或请示等的语气,共3例:

(20) 粘罕且笑且言:"贵国与契丹家厮杀多年,直候敌不得,方与银绢。莫且自家门如今且把这事放著一边,厮杀则个。待你败时,多与银绢;我败时,都不要一两一匹,不知如何?"(燕)

(21) 贵朝早已违誓背约,阴纳张觉,收接燕京逃去职官民户,本朝累次追取,只是虚行文移,夸诧幅员万里,国富民众。本朝虽小,却不曾敢失道理。待与贵朝略辩曲直则个。(茅)

(22) 国相知有此牒益怒,曰:"且待提兵去与李宣抚决胜负则个。"(山)

7. 休

表示建议或商量语气,与今之"吧"大致相当,共2例:

(23) 既是上皇禅位,无可得争,却与他讲和休。(靖)

(24) 国相曰:"使副不若且归休。"(山)

第八章　句子成分

第一节　主　语

本节中,我们讨论以下三个问题:

一、本书主语常例

本书中,能够做主语的词语比较多,举凡名词及名词性词组、动词及动词性词组都可以直接做主语,且用例都十分常见,其他的如代词、数词及形容词等做主语的用例也时有所见。例如:

(1) 本朝今则煞有忠义之士辅佐今圣,与昔日事体不同。(山)

(2) 其余西京、归化、奉圣等州,候拿了阿适回日然后交割。(燕)

(3) 贵国兵马去西京甚好。(燕)

(4) 此不难,据燕地所出税赋并课程计数兑换,自然不错。(燕)

(5) 太师诚能于陕西、河东、河北三路选摘精锐马步十万人,分为三部……一驻于燕山,与药师对营相制,一驻于广信军或中山府,一驻于雄州或河间府。(茅)

(6) 某等云:"忠孝是臣子合做底事。"(绍)

二、"有定"问题

谈到主语,经常要涉及"有定"和"无定"的问题。所谓有定,通常是指主语或宾语所表示的人或事物是确定的或定指的,无定则正好相反。与此有关系的,主要是受事主语句和被动句中的主语。此书中这两类句子的主语都是有定的，例如：

(1) 昨日所论西京事更休理会，海上之约亦是贵朝自断绝。(茅)

(2) 若一面讲和，又令人来掩不备，如此终恐误事，只恐你江南终被将臣误事。(绍)

以上是使用修饰语明其有定的例子，在更多的用例中，有定的主语并无形式上的标记，而主要是靠上下文的规定。例如：

(3)“国家委无许多金银，皇帝意甚不足。早来宣诏，云禁中有数世宝藏珠玉及象牙犀角，欲以此准折。”……回城中已申时后，入对福宁殿，具奏前件言语。上云：“岂非二太子先去了也？”连云：“是是。”又云：“珠玉待尽般在宣和殿，一齐将去。”(靖)

(4) 国相颦眉曰：“祖乡在沈州。骨肉昨因契丹征辽东时皆被害，近方得一小女子。”(山)

按，以上二例中，前一例中“珠玉”是话题之一，所以它的所指非常明确；后一例前有“若水曰：‘敢问国相元帅仙里，台眷安在？’”则“骨肉”所指也是十分明确的。

三、主语的省略

主语的省略在此书中也十分常见，例如(以下于省略处用括号标明)：

(1) 遂议岁赐，良嗣许三十万，(阿骨打)却云：“契丹时燕京不属南朝，犹自与五十万，如今与了燕京，如何只三十万？”(燕)

(2) 十一日见虏酋，(虏酋)遣兀室、捷鲁二人至所馆议事。(燕)

(3) 内官梁师成举起一玉杯，(玉杯)外碾成螭龙形。(靖)

(4) 阿骨打及其下诸酋长大喜，(阿骨打)继令译者问……(燕)

(5) 马行积雪中，(积雪)虽晴日不消。(茅)

以上几例中，例(1)属于对话时的省略，因为对话者只有两人(赵良嗣与阿骨打），指明一个，则另一个自明，故可省略；其他 4 例，前两例是承前宾语的省略，另外两例，例(4)是承前部分主语的省略，例(5)则是承前处所补语的省略，本书中主语的省略大致不外乎以上几种，其中前三种多见，后一种少见。

第二节　谓　　语

一、本书谓语常例

最多见的是动词性和形容词性的谓语，此外又有为数不多的名词性以及代词、副词性谓语。例如：

(1) 良嗣回至女真所，居阿木火。（燕）

(2) 会隆庆府义胜军叛，王禀、耿守忠追击，其三千人奔大金国。（茅）

(3) 兵部尚书路允迪来传语，约同到都堂问子细。（靖）

(4) 兀室云："此不难，据燕地所出税赋并课程计数兑换，自然不错。"（燕）

(5) 本朝皇帝大度，一言许尽。（燕）

(6) 此番使副煞忠梗聪明，只是所议不肯说尽话。（山）

(7) 仆曰："两朝自海上来交欢，今已数年。"（茅）

(8) 不两月，三人同日告殂，疾症若一。（绍）

(9) 粘罕大喜云："两家都如此，则甚好。"（燕）

(10) 若一向恃强，务欲并吞，但恐天理不能如此。（靖）

(11) 国相作色曰："已言在前，不须再三。"（山）

本书谓语有一个十分明显的特点，这就是除了"拟古"的句子外，单个的动词和形容词等极少直接做谓语，它们在做谓语时总是要带各种附加成分，由此就使得本书中的谓语几乎都是各类词组。

二、主谓谓语

主谓谓语是汉语谓语中很独特的一类，而本书中的主谓谓语为数众多，为此，我们单立一类，做一分析。

就大主语（全句主语）与谓语的施受关系以及大主语与小主语（主谓谓语中的主语）之间的关系来分，本书中的主谓谓语主要有以下两类：

1. 大主语是施事者或中性的，大小主语间有领属关系

这样的用例如：

(1) 某天性爽快，士大夫所共知。（燕）

(2) 本朝皇帝圣心喜悦，所以遣良嗣、武仲充贺功使副。（燕）

(3) 阿骨打笑曰："射得煞好，南朝射者尽若是乎？"仆答以："措大弓箭软弱不堪……"（茅）

(4) 见皇帝说射得煞好，南使射中，我心上快活。（茅）

(5) 近晚阿骨打召辞云："二使人谁留？"良嗣复答以无例。（茅）

最后一例有点特别，但仍与前几例属于同一类：小主语"谁"属于大主语"二使人"，这里询问的是二使人中的谁（哪一个）。

2. 大主语是全句的受事，小主语是全句的施事

这类用例略少于上一类，例如：

(6) 得圣旨，将西京地土与贵朝，所有人户本国收系。（燕）

(7) 今大兵压境，止在旦夕，祸福存亡，贵朝君臣自裁可也。（茅）

(8) 本朝事体，秦桧与张底一一知得。（绍）

除以上两类外，还有个别其他的用例：

(9) 阿骨打谓曰："契丹国土十分我已取其九，只有燕京一分地土。"（茅）

按，此例中，谓语是一个主谓谓语小句，因此全句可以作两次切分，即：契丹国土——十分我已取其九，十分——我已取其九。

(10) 江南州县，此已是大国曾经略定，交与大齐。（绍）

此例中的小主语"此"是复指大主语"江南州县"的，这样的用例即使在现在也不多见，而此书中也仅此1例。

三、连动谓语

所谓连动谓语，即指谓语是由两个或两个以上连用的动词（包括动词性词组，下凡言动词均可包括动词性词组）构成的，连用的动词之间没有主谓、联合、动宾、偏正等关系。

本书中由连动谓语构成的连动句比较多，如果就连用的动词之间的关系来区分，则有以下几类。

1. 表示先后发生的动作

这类用例最多，例如：

(1) 金国遣徒姑坦乌歇、高庆裔充通问使持书来议军事。（燕）

(2) 阿骨打一日集众酋豪出荒漠打围射猎。（茅）

(3) 次日译语二人前来，引请若水等赍国书押礼物土物入军门见国相。（山）

(4) 有一内官传宣，令便出门到寨中。（靖）

(5) 引某等向前礼毕，令译者问云……（绍）

(6) 岸上之虏皆投拜战于江中，死以万数。（采）

也有为数不少的句子中动词所表示的动作并非先后发生，而只是受语言线性规则的制约在叙述上有先后，例如：

(7) 契丹弃关走，仆随行。（茅）

按，此句中，"弃关走"本为一个动作，但是用了两个动词来表示，这样也就分出了先后，形成了连动谓语。下边一例也应作如是观：

(8) 十一月二十五日刁水战耀兵。（采）

2. 后一动作是前一动作的目的

(9) 使副到南朝，便教起兵相应。（燕）

(10) 因请所持书榜，云："两府官欲借看。"（茅）

(11) 前日人言蔚州有贼兵，本朝已发军马前去剪除。（茅）

(12) 问道旁人，云："是虏主临江，昨刑白黑马各一祭天，取今日过江。"（采）

3. 前一动作是后一动作的方式

这一类用例也相当多,按前一动作的不同,又可以分为两小类。

① 表示伴随动作,即后一动作是在前一动作中完成的。例如:

(13)(左企弓)国主前跪拜进酒,做学士上寿仪。(燕)

此例中,"跪拜"表示"进酒"的方式,而"进酒"则是在"跪拜"中完成的。以下的用例与此相同。

(14) 阁门官引益少进,躬身致辞,复位。(燕)

(15) 奏讫拜起,复跪问南朝皇帝圣躬万福。(燕)

(16) 望之云:"既是讲和,打城是甚意度?"斡离不顾左右笑。(靖)

相对来说,这一小类用例要少一些。

② 前一动作从某一方面或某一角度表示后一动作的进行方式。这一小类比较多见,例如:

(17) 食罢,约入上京,看契丹大内居室,相与上马,并辔由西偏门入。(燕)

(18) 会女真已出师,分三路趋上京。(燕)

(19) 以二百骑护送东归,过铁州,遣人走马追及。(燕)

(20) 陆续供列,各取佩刀脔切荐饭,食罢方以薄酒传杯冷饮。(茅)

(21) 阿骨打二妻皆称夫人,次者抠衣亲上食物。(茅)

(22) 我辈皆是马军,却使我弃马步走过江,如今已无马,我辈不会步走厮杀。(采)

这里,我们需要说明一点:以上三类,有时不易分清,或者说有的干脆就是可此可彼的,这种情况前边举的例子中出现过,以下再举一例:

(23) 宣和二年春二月,诏遣中奉大夫右文殿修撰赵良嗣假朝奉大夫由登州泛海使女真。(燕)

此例中"泛海"既可以看做"使女真"的方式,而"使女真"也未尝不可以看做"泛海"的目的;至于"假朝奉大夫",也是既可以看做"由登州泛海使女真"的一种方式,同时也可以看做完成于后者之前的一个动作。

4. 其他

除以上三类连动谓语外,还有为数较少的其他类型的用例,以下各举一例说明。

(24) 皇子郎君意亦如此,但自入界不见遣使来,制脚不定到此间。(靖)

按,此例中前后两个动作间有因果关系,即因为"制脚不定"(意同"止脚不住"),所以才"到此间"。

(25) 良嗣徐对曰:"自来无例摘留使人。"(茅)

此例中,前一动词是"无例",后一动词"摘留使人"则表示"例"(先例)的具体内容,这一形式与今之"有义务资助他"、"无权过问此事"完全相同。

(26) (督府)唤李显忠分付人马,令会于采石,盖权兵在采石未走。(采)

此例中连动谓语"在采石未走"是从正反两个方面来说明主语的,而下一例则是正反两个方面的并列:

(27) 虞候云:"须要在江上看兵势,盖上遣我来,当进不当退。"(采)

绝大多数的连动谓语都是表述同一主语的,只有当第一个动词是"引领"义时,前后动作才不完全属于同一主体,也就是说,基本上是分属于不同主语的。这样的用例前边例(14)(16)已举过两个,以下再举一例:

(28) 阁门官引趋帐西浮幕下少立。(燕)

此例中,"引"的主语是"阁门官",而"趋"的主语却主要是赵良嗣。当然,"阁门官"在引领的过程中也会同"趋"的,所以我们在前边表述时才加上了"不完全"、"基本上"。

第三节　述语和宾语

一、述语

本书中的述语绝大多数都是由动词充当的，例如：

(1) 奉御笔处分，由济南德博渡黄河……取井陉路，至代州朝谷寨。（燕）

(2) 十月抵代州。过界时，粘罕、兀室皆在应州南傍山作营。某与良嗣既送乌歇、庆裔，至彼见粘罕，略论大概。（茅）

除了动词外，还有个别形容词做述语的用例：

(3) 郎君等未可一向自强，一概轻易汉人。且如契丹昏主，七八年前煞有轻易贵国之意，如今契丹之强却在何处？（燕）

此外，本书中还有比较多的述宾词组做述语的用例，例如：

(4) 南朝自得燕京，亦借路平、滦州归。（燕）

按，此例中，述宾词组“借路”带了宾语“平、滦州”，做述语使用，以下各例均是如此。

(5) 临行，粘罕遣乌歇来云：“传语童太师，昨来海上曾许水牛，如今相望甚近，欲觅十头，令送来。”（茅）

(6) 时宣司议令种师道退军雄州。（茅）

(7) 金人留孳生监三两日，即移寨牟驼冈。（靖）

(8) 是时方遣韩肖胄等奉使大国。（绍）

(9) 惟望早赐台令，复命江南。（绍）

(10) 若不顾事势，徒委身贼手，亦无所补。（绍）

(11) 某脱身万死，今欲赴愬于朝廷。（绍）

(12) 督府诈以檄召权来府议事，夜遣虞候持檄池州，唤李显忠分付人马，令会于采石。（采）

以上各例中的述宾词组，大都有相当的凝固性，甚至已经近乎一个动词了，但我们认为它们仍然是词组，而不是词。就述宾关系而言，这类述宾词组所带的大都是对象或处所宾语。

二、宾语

(一) 本书宾语的构成及使用情况

1. 宾语常例

本书中最常见的是名词性宾语,此外尚有一定数量的动词性、形容词性及代词和数词宾语,例如:

(1) 不先下了燕京,不惟为金国之患,亦恐去南朝作过。(燕)

(2) 宁术割是北朝皇帝最亲任听干的近上的大臣,权最重。(燕)

(3) 杨璞、高庆裔来,传粘罕指挥,斥字画惹笔,提拔不谨。(燕)

(4) 郎君等只见契丹之弱,乃自以为强。(燕)

(5) 元帅问你,当时不是曾随皇帝来军前么?(绍)

(6) 燕地本出六百万,今只要一百万,已是恩义。(燕)

(7) 既有城下之盟,许割与他三镇,那租赋便是这里底,怎生更上说也?(山)

以上各例基本上代表了本书中宾语的大致类型。例(7)的宾语“这里底”中的“底”,即后代的“的字结构”中的“的”,这样的宾语仅此1例。

本书中有几类宾语用例较多,且相对复杂一些,以下我们分别讨论。

2. 动词性宾语

此书动词性宾语中最多见的是主谓词组做宾语,例如:

(8) 药师以为干必从请,又尝受荐恩,初不敢害干。(燕)

(9) 盖昨来送曷鲁等还,乃所以待回船来报师期,不敢疑贵朝爽约。(茅)

(10) 皇帝已议定,更不须理会课程税赋多寡。(茅)

(11) 公方会合诸将士,诘之曰:“我闻王节使在淮西每日只打锣不打鼓。”(采)

此外，几个主谓词组共做宾语的用例也时有所见，例如：

(12) 幸而彼未知吾种师道、杨可世白沟小衄，童宣抚气沮而退。（茅）

(13) 某等密问得萧团练小名祸禄，李少监名聿兴。（绍）

以下一例还要复杂一些：

(14) 时宣司议令种师道退军雄州，师道力陈兵可进不可退，邻敌在迩，退必掩袭。（茅）

按，此例中“力陈”的宾语，除了两个主谓词组外，还有一个紧缩复句式的词组“退必掩袭”，所以就显得复杂一些。

其他类动词性宾语的用例再如：

(15)（议约）务在明白，庶免异时计较。（燕）

(16) 赵良嗣回，许定燕京，更不论夹攻不夹攻，如自取得，亦与本朝。（燕）

(17) 粘罕云：“我国家中论事，不尚退左右，要得人共知。”（茅）

能带动词性宾语的动词并不多，其中比较多见的是有“感知”义的动词，如“闻”“知”等。

3. 双宾语

与前后各时期的其余作品中的情况基本一样，此书中的双宾语用例也不大常见。在为数不多的双宾语句中，最多见的是动词述语有“给予”义的句子，这样的用例如：

(18) 我已许南朝燕京，便我得之亦然。（燕）

(19)（阿骨打）授仆弓矢各一。（茅）

(20)（阿骨打）赐仆并随行人鞍马一副。（茅）

(21) 仆投澈一札子云……（茅）

(22) 若大王果能付扩三万人，则便有十万军使用。（茅）

另一类用例较多的是“询问”义动词做述语的句子，例如：

(23) 须臾有父老数百人填拥驿外，询使人何处来。（茅）

此例中，“使人”是“询”的对象，即近宾语，而“何处来”则是“询”的内容，即远宾语，因此，这是双宾语句，而不是主谓词组做宾语的句子。

(24)（童）贯问仆燕中事宜，仆以常胜军授田利害，所答王安中治燕次序之语，一一白之。（茅）

(25) 庆曰："国相先令来问使副一事。"（山）

动词"与"后边，近宾语经常省略，于是形成了如下的句子：

(26)（契丹）便来乞和，须说与已共南朝约定，与了燕京。（燕）

按，此例下文接着就是"除将燕京与南朝，可以和也"，由此可知，"与了燕京"即"与了南朝燕京"之省。不省的形式也较多见，例如：

(27) 莫道是与了南朝燕京管下六州二十四县……（燕）

4. 宾语省略

本书中动词宾语最常见的省略形式是承前主语和宾语的省略，例如：

(28) 南朝自得燕京，亦借路平、滦州归，如南朝未得()，我兵取之，悉如前约，更不论夹攻。（燕）

(29) 四军萧干两朝无礼，如捉得()，执缚送来，以见通欢之意。（燕）

动词的宾语经常省略，某些介词的宾语偶尔也可以省略，其中比较多见的是介词"与"的宾语的省略，例如：

(30) 更为说宇文虚中久在金国，渠有父母，日望渠归。见粘罕可说与()，教早放还。（绍）

此例可以与以下一例相比较：

(31) 我曾亲自说与皇帝，国家不要听贼臣言语。（绍）

其他的用例再如：

(32) 虞候与()说："我今日只办两眼随你们……"（采）

(33) 近来本朝又为()于燕山府，用一万贯钱买一所宅子。蔡太师云犹胜于他汴京宅子。（绍）

（二）本书宾语的意义类型

本书宾语中最多见的是对象宾语，例如：

(34) 若拿了阿适，也待与南朝。（燕）

(35) 是时方遣韩肖胄等奉使大国。(绍)

此外,还有一些结果宾语,例如:

(36) 不先下了燕京,不惟为金国之患,亦恐去南朝作过。(燕)

按,此句中的"过"即"过行"(非法、罪过的行为),它因"作"而生,所以"过"应视为结果宾语。

(37) (军马)今白沟北岸下寨,结草人相间,夜饮昼睡,马亦散放。(茅)

这里,我们主要讨论上两类宾语以外的其他三种宾语。

1. 处所宾语

处所宾语的用例,前边谈述宾词组做述语时已举了若干例子,以下再举几例:

(38) 今公营东西北皆逼林木,恐贼乘风声而来。(茅)

(39) 分戈船为五……其二藏小港中,以待不测。(采)

这类宾语既可以是单个的表处所的词语,也可以是方位结构(主要是由方位词"中"与其他名词构成),大都表示述语动作进行的处所,与处所补语十分接近,二者的区别只在于述语后介词的有无。

我们来比较以下两例:

(40) 盖德章先与契丹战,为其所擒,囚燕京狱中。(茅)

(41) 黠辞曲,不复言斩,乃曰:"送之有司。"遂置扩于狱中。(茅)

以下一例与上边诸例有所不同:

(42) 初七日发建康,初八日早去采石。(采)

此例中,前一分句中"建康"是"发"的起点,"发建康"即"从建康发";后一分句的"采石"则是"去"的目的地,"去采石"就是"到采石去"。

2. 使动宾语

这类宾语与述语构成的是"使动"关系,与一般的述宾关系不同。例如:

(43) 山后自汉筑云中、朔、武等郡以弱匈奴,孝文时任魏尚

守之。(茅)

(44) 堕欲奋之士气,乖归附之民心。(绍)

如果说,以上二例只是拟古的话,那么,以下几例就不完全是这样了:

(45) (大臣)欲成就交好,特许别交银绢,以代税赋。(燕)

(46) 阿骨打坐所得契丹纳跋行帐前,列契丹旧教坊乐工作花宴。(茅)

此例可以与以下一例相比较:

(47) 然当时已将上京掠到大辽乐工列于屋外,奏曲荐觞。(茅)

按,以上两例中,一用使动,一用"将……"("将"义同"使"),形式不同但表意相同。

(48) 不须如此,上方召见,公且平其气以待之。(绍)

以下一例中的使动词也是"列":

(49) 虞候遂与诸将议,与统制官张振、王琪、戴皋、时俊、盛新列马军步军为阵,静以待之。(采)

(50) (完颜)亮跨马即至,列坐诸酋长,会议为必渡之举。(采)

近代汉语中,使动宾语的用例一直都不多,本书中也是如此,大概一共有十几例。

3. 关涉宾语

凡不在前述各类宾语之列的,我们都归入此类,而"关涉"是一种内涵很广的关系,所以这类宾语与述语之间的关系也比较复杂。例如:

(51) 其系官钱物等,及奚、契丹、渤海、西京、平、滦州并不在许与之数。(燕)

(52) (萧)干当此之际,所领兵不多,又料药师既叛,怒其不从,虑祸及身。(燕)

(53) 至庭下,有前立两人,指示良嗣曰:"此燕京国妃遣来请降……"(燕)

(54) 自古两国议和，皆以势力相孚，不能相下，于是有讲和修睦之请，息兵安民之议；未闻以弱和强，彼初无畏惮，曲意定和者也。(绍)

以上 4 例中的述宾关系各不相同：例(51)的述语是“在”，宾语是表示范围的；例(52)“怒其不从”意为“因其不从而怒”，即宾语“其不从”是述语“怒”所由产生的原因；例(53)中“指示良嗣”意为“为(替)良嗣指示”，亦即“指给良嗣看”，因此，这是类似于文言中“为动用法”的形式；例(54)“和强”即“与强和”，宾语是述语的所与对象。我们所能见到的本书中的关涉宾语，大致不出以上几类。

第四节 定 语

一、定语常例

本书中最常见的定语是名词性的，其次是动词性的、形容词性及代词、数词、量词和数量结构定语等。例如：

(1) 食罢，约入上京，看契丹大内居室，相与上马，并辔由西偏门入，并乘马过五銮、宣政等殿。(燕)

(2) 我以山西全境与汝，岂不能易此尺寸之地耶？(燕)

(3) 更不遣回使，只将空，书令军人送过海来。(燕)

(4) 割还燕地讲好事，主上已许，难以爽信，(茅)

(5) 待道是贼来，怎生有许多贼？(靖)

按，此例中“许”为“如此，这么”义，详见上篇第二章代词中指示代词一节。

(6) 应系契丹州域全是我家田地。(燕)

(7) 必欲如此数目，是无意讲和。(靖)

(8) 是夜，宿大仪镇，并无居民官吏，环坐一空舍下，皆乏食。(绍)

(9) 请特与个赏设，数目多少。(燕)

按，此例中定语“个”是“一个”之省，由于数词省略，量词就直接做了定语。

当然，也有“个”前的“一”不省的用例，这样就是数量结构做定语了：

(10)（宁术割）又言：“士卒取西京劳甚，乞一个赏赐。”（燕）

本书中，多个定语共同修饰一个中心语的用例也比较多见，上引诸例中，已有这样的形式，再如：

(11) 因议约夹攻契丹，取燕、蓟、云、朔等旧汉地复归于朝廷。（燕）

(12) 差登州兵马钤辖武义大夫马政持国书及事目随习鲁等前去报聘，约期夹攻、求山后地、许岁币等事。（茅）

二、定语与结构助词

本书中定语与中心语之间，有时用结构助词连接，所用的结构助词有“底”“的”和“者”等，其中用“底”的最多，“的”次之，“者”最少，具体用例及统计数字等请见第七章中的结构助词一节。

用结构助词连接的，都是动词或形容词性的定语，但是，并不是所有这样的定语都用结构助词来连接，实际上，更多的这类定语并不用结构助词来与中心语连接，以下就是这样的例子：

(1) 于是差使副以攻破上京俘获盐铁使苏寿吉来献。（燕）

按，此句意为“攻破上京俘获之盐铁使苏寿吉”，但是句中由于没有结构助词，使得偏正结构与述宾结构同形。下边的一例也是如此：

(2) 仍以质留刘亮等六人及因风吹逐刀渔船於立等兵级二十人，并交付良嗣还朝。（燕）

按，此句中的几个偏正结构分别是“质留之刘亮”和“因风吹逐之刀渔船於立等兵级二十人”。

名词性以及其他类的定语与中心语之间，通常都不用结构助词连接，这样，本书中所用的连接定语与中心语的结构助词实际上就很少了。

三、人称代词定语

本书中，人称代词可以用在指人的名词前边做定语，因代词及所修饰名词的不同，人称代词本身又有虚实之别。例如：

(1) 粘罕、兀室云："我皇帝从上京到了，必不与契丹讲和。"(燕)

(2) (阿骨打)顾益等云："南朝许大事，你几个使人商量了，功绩不小。"(茅)

(3) 粘罕云："你说得也煞好，只是你南家说话多生捎空，你使副只今便辞，我专遣人使就宣抚司商议大事去也。"(茅)

(4) 三宝奴云："李给事却是上皇遣来，皇子郎君道：'不知他今上旨意如何?'"(靖)

(5) 若将他亲王过去，万一感风露之疾不起，以人情言之，在贵朝亦不得不悔。(靖)

(6) 设若欲取江南州县与他别人，却坏了元帅军马，不晓何苦为他如此。(绍)

(7) 若告他元帅，须似申包胥泣于秦庭下。(绍)

这样用法的第一和第二人称代词，主要的作用是指示；第三人称代词却要复杂一些：既有指示意味，又有称代作用，而称代部分又是与后边的中心语重合(所指相同)的，而这也就是这种用法的独特之处。

另外，已称代词"自家"也有类似的用法，例如：

(8) 此是契丹男媳妇，且教与自家劝酒，要见自家两国欢好。(燕)

(9) 未若自家两家本无相争，便通交好，万世所无，乃是好事。(燕)

按，这两例中的中心语"两国"和"两家"虽然不是指人的名词，但毕竟与人相关，而"自家"在这里义同"我们"，其主要作用仍是指示。

第五节　状　　语

本书中的状语，少数是修饰性的，绝大部分是限制性的，表示动作的时间、处所、方式、条件、对象、数量、范围等。

一、状语常例

本书中，经常做状语的有副词、助动词、形容词、名词、代词和介词结构等。例如：

(1) 的确事节，尽在书中，一一从得时便好也。(燕)

(2) 彼怀张觉之憾，恐粘罕回来，不测作过。(茅)

(3) 今贵朝灭尽契丹，又得南朝金币，得早休兵，各享太平，真是上策。(茅)

(4) 此人极纯实可爱，遂以志诚相待。(绍)

(5) 上曰："前日赐卿等马，皆内厩名马。"顾绘曰："卿必能乘骑。"(绍)

(6) 昨日种师道发杨可世一军过白沟，本朝小小迎击，南朝望尘退走。(茅)

(7) 估价是好意，侍郎高估价不妨。(靖)

(8) 我亦曾听得数年前童贯将兵到边，却恁空回。(燕)

(9) 傥当时再起种师道，提许多西兵举事，却不至如此误国家大事。(茅)

以上是副词、助动词、形容词与代词做状语的用例，各类词做状语的详细情况，我们在讨论各该类词时，已有论列，此处就不再举更多的例子。另外，还有几类状语，我们将在下边专门谈。

形容词做状语，本书中有几个重叠的用例，前边已举1例，此外再如：

(10) 至今日，饶我也由你辈，杀我也由你辈，不若早早下手。(采)

一般的语法书谈状语时，大都不谈动词做状语的问题，而这主要是因为前一个动词性词语修饰后一个动词的例子一般被认作连动句的一种形式(我们也是这样处理的,详前第二节)。其实,这前一个动词性词语未尝不可以认为是状语,比如以下这一例:

(11) 贯顾仆搔耳云:"安得三万人与此马宣事,却须做得一拍。"(茅)

按,此句中的"顾仆"与"搔耳"实际上就是表示动词"云"的一种伴随动作或方式的,亦即是对主要动词的一种修饰说明,而这修饰说明正是状语的基本功能。

本书中有不少多层状语,常见的都是两层的,例如:

(12) 莫比寻常使人一般将就简待,至伤和气。(燕)

(13) 至巳时,引某等转西至河边,令某等下马,前用大斧斫杀三十余人。(绍)

三层的状语如:

(14) 臣等初见之,首言京城下曾对陛下言以盖房屋为喻。(绍)

二、名词性状语

能做状语的名词最常见的是时间名词,所见极多,不烦举例。此外,本书中表处所的名词性词语做状语的例子也为数不少,我们以下要讨论的,就是这类状语。

这类做状语的用例如:

(1) (阿骨打)初欲趋中京,道中闻契丹主聚兵于五国崖,亟领兵袭之。(燕)

(2) (金人)兵骄气锐,所至杀掠无辜,其下大厌之。(燕)

(3) 今白沟北岸下寨,结草人相间,夜饮昼睡,马亦散放。(茅)

(4) 绘与陈桷有旧,城门外驻马久之。(绍)

(5) 是日堂中邂逅张浚,言已有探报,金人大举,今过南京。(绍)

(6) 万户马上自屈指数过,"来军前时如三十一二,恰是

也。”(绍)

(7) 虞候见道旁茶房酒店官军闲坐,虞候呼问之。(采)

以上各例中,名词状语都表动作的所在,而相同的意思,也可以由介词结构来表示(详后“介词结构状语”)。

例(2)的状语略显特别:“所至”是一个名词性的“所字结构”,今天与之相当的是“所到之处”。我们认为,它在句中仍然是一个表所在的状语,意为“在所到的地方”。

以下的处所状语表动作的所从自:

(8) 某去年云中回,便以此事覆大王。(茅)

(9) 棁袖中出数目札子,耶律忠云……(靖)

按,两例中,“云中回”即“从云中回”,“袖中出”即“从袖中(拿)出”。

此外,还有为数不多的名词状语是表示动作的所向、所到的,例如:

(10) 前遣元帅就近代州议事,便是此意。(燕)

(11) (北岸酋长)急遣人扬州报亮,亮跨马即至。(采)

按,这两例中,“代州议事”是“到代州议事”,而“扬州报亮”也是“到扬州报亮”。

三、介词结构状语

本书中的介词结构状语比较多,所能表达的意思也比较复杂,以下我们分别来考察和叙述。

1. 表动作所在

这样的用例较多,常用的介词有“在”和“于”等。例如:

(1) 每旦,阿骨打于积雪上以草荐一虎皮,背风而坐。(茅)

(2) 上马到安远门登城,见何灌人马在城脚下摆布。(靖)

(3) 其珠玉、犀角、象牙等尽在野地顿放。(靖)

(4) 及至江口,据本处巡检申,风色暴猛,渡江不得。绘等只得在水府庙以俟。(绍)

(5) 及见枢密院人使在虞候前甚恭,问之,云……(采)

2. 表动作所与

这样的用例也比较多，所用的介词有“与”和“同”等。例如：

(6) 前年皇帝与良嗣握手曰：“我已许南朝燕京，便我得之亦然。”（燕）

(7) 事与贵朝殊无干涉，何至问罪？（茅）

(8) 二十七日同王介儒来起宿涿州次，见走马者数辈。（茅）

(9) 且到都亭驿，同太师等早食罢，与李枢密再对了，方可出门。（靖）

(10) 若水等令赍礼物土物诣前，与国相相见。（山）

(11) 先是，虞候与李显忠商量，令移时俊军于马家渡。（采）

3. 表动作所从

这类介词结构主要用介词“从”，此外也有用“由”和“自”的，偶尔也有用“于”的，例如：

(12) 果有使来，从甚路来？（绍）

(13) 是时虏主以兵驻汝阳，以避暑为名，诈示渡汉江，从上流以窥吴会。（采）

(14) 诏遣中奉大夫右文殿修撰赵良嗣假朝奉大夫由登州泛海使女真。（燕）

(15) 三月二十六日，自登州泛海。（燕）

(16) 遂引所赍礼物金器等，自西而东，于国主面前过。（燕）

4. 表动作所因

这类用例相对少些，所用的介词是“缘”和“为”。例如：

(17) 朝廷缘女真海上累遣使人献燕地，每以温言答之，不敢信从。（茅）

(18) 庆曰：“使副们缘何事来？”（山）

(19) 为立誓书事大，兼王事已定，待差一个煞近上底官人去，只候来到便交割。（燕）

5. 其他

除上述各类外，作状语的介词结构还有不少，表达的意思也各不相同，主要有表动作的目的、所用、所向、所为（给、替）等，因为介词一章已有较为详尽的论列，此处不赘述，只各举一例：

（20）若水曰："某等为和议来。"（山）

（21）遂同行到宝应县，用一黄河渡船摆渡人马。（绍）

（22）事势逼蹙，实见如此，所以对太师尽言之。（茅）

（23）少顷，国相令人传语，送羊二羫，酒三十瓶，钱一百贯，与使副洗尘。（山）

此外，还有处置式中的"把/将结构"（"把/将"及其宾语）、被动句中的"被字结构"（"被"及其宾语）等，我们将在下一章中专门讨论，此处从略。

四、状语与结构助词

本书在状语与中心语之间极少用结构助词连接，我们能见到的不多几例，用的是"地"，而它所附着的动词都是AA式重叠形式，例见第七章结构助词一节。

此外，就很难再见到状语与中心语之间的结构助词了，前举诸例都是如此，以下再略举几例：

（1）贵朝国书内既言别交银绢以代税赋，必有定数，请分明说破。（燕）

（2）既一面遣使，又一面进兵，却容易退走，是何颜面？（茅）

（3）本朝累次追取，只是虚行文移，夸诧幅员万里，国富民众。（茅）

（4）厅前大烧起柴火，若天明。（靖）

第六节　补　语

一、补语的构成

本书中的补语，可以由动词、形容词、副词、助词、数词、代词以及某些词组（主要有介词结构、名词性、动词性、形容词性词组、数量结构等）充当，用例都比较多见。例如：

(1) 金人已再杀败契丹，又战败夏国，兵骄气锐。(燕)

(2) 计岸上之死三千七百余人，射死万户一人，生获千户五人。(采)

(3) 我今日只办两眼随你们，成得功大，与你填大底官诰；立得功小，填小底官诰。(采)

(4) 兵部尚书路允迪来传语，约同到都堂问子细。(靖)

(5) 今来商议国事，须要说尽。(燕)

(6) 仆答曰："措大弓箭软弱不堪……"(茅)

(7) 据良嗣等所奉御笔处分，先夹攻燕京了日，然后夹攻西京。(燕)

(8) 南朝得北朝地固不能守，北朝得南朝地岂守不得？古人有守得者。(靖)

(9) (虏主)斩船作头二人，鞭梁大使一百。(采)

(10) 汝家未下燕，已拒我如此，是不欲通和耳。(燕)

以上主要是各类词充当补语的用例，以下再举几个由各类词组做补语的用例：

(11) 十一月十一日归次国门，次日不随班引见，对于崇政殿。(山)

(12) 良臣等曲谢，退到都堂。(绍)

(13) 仆与益等留涿州十日。(茅)

(14) 金人留孳生监三两日，即移寨牟驼冈，过孟阳河一二里。(靖)

(15) 我与你有甚冤仇,道本国杀害良民如贼一般相待?(燕)

按,此例中"如贼一般相待"是动词性词组做补语,这个补语既表动作的程度,又表动作的情状(详后),可以理解为"像对待贼一样杀害良民",亦即"像杀贼一样杀害良民",无非是说杀的人多,滥杀无辜。

(16) 此去朝廷数千里,今正月且尽,安能往返如期?(燕)

(17) 阿骨打曰:"射得煞好,南朝射者尽若是乎?"(茅)

(18) 闻今春得麦甚多,此不足虑。(绍)

(19) 此誓书元在阙下,为使人陈乞,已换了两次,到涿州又换一次。(燕)

(20) 主人曰:"汝能如此渡,甚好,更为我渡一遭,我欲观之。"(采)

二、补语的类型

1. 结果补语

本书中的结果补语主要由副词、形容词及某些谓词性词组等充当,例如:

(1) 本朝皇帝大度,一言许尽。(燕)

(2) ……必有定数,请分明说破。(燕)

(3) 此望相照,早得交割了当,使两界生灵安堵。(茅)

(4) 你说得也煞好,只是你南家说话多生捎空。(茅)

(5) 大王如此说话,是不思国家患难紧急,扩愿听大王入京。然不忍见大王失此,名节扫地,为众人唾骂杀去也。(茅)

(6) 使人说得是与不是、实与不实,如何瞒得国相元帅?(山)

(7) 遂定谋杀亮,夜即其所居帐中,连发三箭射中亮。(采)

结果补语的位置大都固定,即位于述语动词之后宾语之前,但是,也有变化的用例,比如以下两例中,结果补语就分别位于宾语的前后:

(8) 适有关报,金人已打破马邑县,游骑已至代州城下。(茅)

(9) 攻上京城破,遂与阿骨打相见于龙冈,致议约之意。(燕)

下面一例中结果补语也是位于宾语之后的:

(10)(童)贯因麾幕属退,独语仆曰……(茅)

2. 程度补语

此类补语不多,主要由形容词和形容性词组充当,例如:

(11) 此所系万年永远,须是各说得重则好。(燕)

(12) 不是去年冬,即是今年春,亦未甚记得仔细也。(山)

(13) 上一一训敕详尽,且顾良臣等曰……(绍)

(14) 虞候云:“不须得发兵如此之多,虏必不从上流下。”(采)

按,此例较为独特,“如此之多”由形式而言是处于补语的位置,但它却并不表示句中述语“发”的程度,而是表示宾语“兵”的多少(其实这也是一种程度),或者我们可以把“如此之多”看做述宾结构“发兵”的程度补语。

类似的用例本书中还能见到一些,再如:

(15) 我国里军人厮杀八九年,受了苦辛不少。(燕)

(16) 看来贵朝听狂悖之言,却把本朝作破坏契丹看待,但恐后来自被祸患不小耳。(茅)

(17) 延庆果是退败,便做官大,亦行军法。(茅)

(18) 止是淮、扬有舟船来运麦,闻今春得麦甚多。(绍)

3. 数量补语

这类补语大致可分为两类,一类是由数词和动量词组合而成,表示动作的次数的,另一类是由数词和时间名词等构成的表示动作所占时间,即时段的。两类补语中,第一类很少,而第二类则比较常见。

第一类的用例前边已举过几例,以下是第二类的用例:

(19) ……屯著军马,专专地等候回使相约打灭契丹。却留我使人,一住半年,滞了军期。(燕)

(20) 两朝计议五六年,大事已定。(燕)

(21) 从初厮杀了数年后,因讲和,方才与了三十万。(燕)

(22) 仆与益等留涿州十日。(茅)

(23) (秦桧)自前年归朝廷后,实曾作相一年。(绍)

(24) 你辈食官家禄,官家养汝辈三十年。(采)

以下一例比较特殊:

(25) (宁术割)请便依契丹旧礼之例相待,看管朝夕便是。(燕)

此例中的"朝夕"无法分析成其他成分,只能看做补语,而这一补语又是表示时间的。但是,这个补语与前边几例中的补语又明显不同:它既不是表示某一时点的,又不是明确指明某一时段的,实际上,它只是一个泛指的时间,义略同于"经常"。

4. 处所补语

这类补语也比较多见,都是由介词结构来充当的,所用的介词有"于""在"和"到(至)"等。有时,因为所用的介词不同,所表示的意思也不相同。以下我们分别来看。

用"于"引出的补语大都表示动作发生的处所,这是古代汉语中的常用形式,在本书中也相当常见。例如:

(26) 遂与阿骨打相见于龙冈。(燕)

(27) 又当时种师道、杨可世皆失利于白沟。(茅)

用"至"引出的补语表示动作的终到之处,例如:

(28) 是年八月,宣司回军至河间府。(茅)

(29) 少顷,引某等至屋下。(绍)

由介词"在"引出的补语则相对要复杂一些,例如:

(30) 若如此说,即数十年前事,岂可套在誓书中,有甚涯际?(燕)

(31) 十月初十日,御前金字牌至,令寄留礼物、私觌在镇江府。(绍)

(32) 兼课程税赋出在地土,非动贵朝物,何苦吝惜?(茅)

按,以上三例中,前两例中"在"所引出的补语表动作的所及之处，而后一例中的补语则表示动作发生的处所，由于句中的述语动词是“出”，所以这里的“在”大致可以按“从”来理解。

5. 趋向补语

趋向补语表示动作的趋向，本书中趋向补语相当多见，所用的趋向动词也比较复杂，以下我们按所用趋向动词的不同分别来谈。

① 来

趋向动词“来”表示动作由彼到此，本书中共 34 例，句中无宾语时附于动词后，有宾语时则位于宾语后。例如：

(33) 四军萧干两朝无礼，如捉得，执缚送来。（燕）

(34) 元帅国相若怕贵朝事力时，却不敢便入来也。（茅）

(35) 十九日午，忽送马来。（绍）

(36) 恐粘罕回来，不侧作过。（茅）

此外，本书中能见到的“一来”形式还有：写来、遣来、发来、得来、到来、出来。

② 过来

“过来”与“来”相同，也表示由彼到此，共 7 例。这是一个离合词，合的例子有 3 个，离的例子有 4 个。例如：

(37) 郭药师、董庞儿系是契丹时投降过来，即干贵朝甚事？（燕）

(38) 前来累有文书去，将职官富民早发过来，便是交割。（茅）

(39) 逐旋抬过珠玉来，耶律忠云：“皇子郎君教逐件估出价钱。”（靖）

(40) 赵云：“且说因甚放过二公来。”（绍）

此外，与“过来”配合使用的动词还有“送、发遣、引领”。

③ 去

“去”表示由此到彼，另外，也有少量虚化的用例，本书中共 49 例，如：

(41) 誓书并系昨来将去誓草改定。（燕）

(42) 皇子郎君爱此等物，前见高观察所执笏，借去看，极

爱。(靖)

(43) 未相见间,李靖先索国书并御前札目副本去。(茅)

(44) 万户愤怒,掷去所带貂帽,按剑嗔目。(绍)

与“来”一样,“去”在句中的位置也比较灵活,有宾语时,既可位于宾语前(较多),又可位于宾语后(较少)。

以下是虚化的用例:

(45) 两国方以义理通好,将来本朝取了燕京,却要系官钱物,此无义理,可便除去。(燕)

按,我们之所以说此例虚化,主要是因为句中的“去”已经由具体的趋向义变为抽象的趋向义了。类似的用例还能见到几个。

此书中“－去”的形式还有以下一些:驰去、屏去、逃去、过去、遣去、送去、录取去、归去、走去、遁去、回去、退去、召去。

④ 过

“过”表示时间或地点的移动,以及经过义,本书中共 7 例,均用于述宾之间,附于动词之后。例如:

(46) 或藏匿山谷,或走过山西,如此之类,如何决要取足?(燕)

(47) 自福宁殿西廊下转过宣和殿,珠玉皆用笼匣盛放。(靖)

(48) 已札下淮东安抚司,令召募使臣说谕承、楚州,令放过奉使。(绍)

按,此例中的“奉使”是名词,这一点,由以下一例可证:“元帅有指挥,令奉使即今起发回去。”(绍)

正因为如此,所以又有下例:

(49) 却令淮东安抚司召募使臣说谕承、楚州,令放过奉使过界。(绍)

⑤ 过去

本书中仅 2 例,都采取分离的形式,即:

(50) 赵良嗣今已谪过岭南去矣。(山)

(51) 若水曰:“和议正要情通,先纳过书去亦何害。”(山)

本书中也有“过去”连用的，但那是动补式动词而不是趋向动词，例如：

(52)“今来议和，皇子郎君要一大臣过去。”(靖)

⑥ 回

共7例，例如：

(53) 书榜中语言大段狂悖，多是指斥，不通商量，安敢进呈？今复纳回。(茅)

(54) 虞候见事急，知二将必退回。(采)

以下两例中都有“勾回”：

(55) 若户口不尽数发来，便请勾回涿、易人马。(燕)

(56) 我遣军去打城，适已勾回。(靖)

⑦ 还

共6例，都是“割还”。例如：

(57) 比者海上交结，女真已许割还。(茅)

(58) 元议割还燕地，若燕京不得，即西京亦不要。(茅)

⑧ 出

共3例，即：

(59) 复取出文字三封。(燕)

(60) 仆趋出幕府，诸公遮路，交口诮责。(茅)

(61) 皇子郎君教逐件估出价钱。(靖)

⑨ 起

全书仅2例，即：

(62) 内官梁师成举起一玉杯，外碾成螭龙形。(靖)

以下一例中的“起”意义已经虚化，大致表示“开始”的意思：

(63) 厅前大烧起柴火，若天明。(靖)

⑩ 下

仅2例，即：

(64) 良嗣等以其意附递奏闻，复于递中付下御前降下改定誓书并誓草进。(燕)

按，此例中“付下”的“下”表示完成，不是趋向动词，“降下”的

“下”表示从上到下，是趋向动词。

以下一例中的“下”也虚化了：

(65)再三辩论，久之，遂除下西京，坚执如故。(燕)

按，“除下”义同“除去”“除掉”。

⑪ 其他

除去以上各例外，本书中的趋向动词还有“回来”“归”“入”和“往”等几个，因其用例少(各有1例)，所以在此一并列出：

(66) 莫是计么？先你过来，待倒回来厮打么？(绍)

(67) 仆答：“职官富民逃归，乃张觉之罪，本朝已斩觉首函送。”(茅)

(68) 又闻契丹旧酋走入夏国，借得人马，过黄河……(燕)

(69) 若水等被旨，日下出门，差往大金山西军前和议。(山)

6. 可能补语

即表示可能和不可能的补语，前者用“得”，后者用“不得”，共有42例。

我们先来看表可能的用例。

表可能的用例共29例，有以下三种形式。

① 动—得

这种形式最多，共有22例，如：

(70)的确事节，尽在书中，一一从得时便好也。如不从得，便领兵巡边。(燕)

按，此例中，“不从得”的形式多少有点特别，因为如果是“从得”的反面，则应为“从不得”；如果只是一般的否定，则应为“不从”，此处显系一般的否定，所以似乎更应当用“不从”，而书中此例前的一例正是这样用的：

(71)若一一从得便好，如不从便休来商量。(燕)

不过，我们趋向于把“不从得”理解为“不从\得”，而不是“不\从得”。这一点，由以下两例似乎可以看得更清楚一些：

(72) 你们所说待信来，又已前数次失信；待不信来，又怎生

全不信得?(绍)

(73)译者云:"大金皇帝表留下,其余文字将去,物录中物不用得。"(绍)

下边一例又有所不同:

(74)况交结女真,恢复燕山事,乃是大王经手,今有此窟窿,却须大王与补了。不惟在别人不知金人情伪,不能补得,兼不得使别人补了。(茅)

按,此例中,"得"的前边又出现了一个也是表可能的"能",从而造成重复,这样的例子本书中仅此一见。

本书中,绝大多数的可能补语"得"都用在各类疑问句中,其中反问22例,一般疑问2例,用于陈述的只有5例。除前边已有的用例外,再如:

(75)兼河东、河北州城坚固,军民皆习战斗,若有仓卒,众必据城坚守,如何容易间便攻打破得?(茅)

(76)望之云:"少保虽是力屈而降,上皇恩德亦何可忘得?"(靖)

② 动—得—宾

共有3例:

(77)此皆稀世之宝,凡目所未睹,如何估得价值?(山)

(78)使人说得是与不是、实与不实,如何瞒得国相元帅?(山)

(79)侍郎、团练却回也,如聿兴等,何时离得涂炭?(绍)

③ 动—得—补

共有4例,如:

(80)又云:"恁地后,怎生整顿得起?"(靖)

(81)皇子郎君以主上圣德,务要讲和,实宗庙社稷之福,何可应付得足?(靖)

(82)譬如富人家,有贼三两人当昼逾墙,而主家觉之,然得力强壮仆子出外干事,只有老卒稚童姬婢之类在家,如何擒捕得获?(靖)

以下再看表不可能的用例。

“不得”共有13例，它在句中有两个位置：如果没有宾语，则附于述语之后；如果有宾语，就位于宾语之后。

13例中，第一个位置的有10例，如：

(83) 如此则空费往来，和合不得。(燕)

(84) 贵国与契丹家厮杀多年，直候敌不得，方与银绢。(燕)

(85) 今来山后地土已是许了，到头翻悔不得。(茅)

(86) 我若与你，又是和西京人民存住不得。(茅)

“不得”位于宾语后的用例共有以下3个：

(87)如今厮杀后，若我们败时，物也做主不得，我们过河去后，不止要这些物。(绍)

按，此例中“做主”似乎也可以看做一个述宾结构的动词，但以下两例中，“不得”却是附在典型的述宾词组之后：

(88) 据本处巡检申，风色暴猛，渡江不得。(绍)

(89) 然王权已罢兵权，管你辈不得。(采)

7. 情状补语

前边例(15)我们曾举过“道本国杀害良民如贼一般相待”一例，并且指出，句中的“如贼一般相待”应该分析成补语，这样的补语既表示程度，又表示情状。其实，类似的用例在本书中比较多见，而其中大多数都是侧重于表示动作的某种情状的，所以我们称之为情状补语。

以下就是这样的用例：

(90) 两朝既是通好如一家，已许了地土，乃是信义人情。(燕)

(91) 南朝遣宣赞来作死间耶？不谓南朝弃士大夫之命如草芥也。(茅)

(92) 纲信其说，意谓可以杀金军如杀魔贼也。(靖)

(93) 十一月二十五日习水战耀兵，命战士踏戈船上下中流如飞。(采)

(94) 向睹所乘舟楫迅驶如飞,此宁能当之?(采)

就形式而言,上引各例中的补语都是取"如……"的形式,而且它们都是比况结构;就表意来说,这些补语都是用比喻的方法来说明或描绘句中述语动作的情状,同时往往还包含些许程度较重的意味。

除上引诸例外,此类补语中还有一些其他的用例,例如:

(95) 此去朝廷数千里,今正月且尽,安能往返如期?(燕)

(96) 复位,又五拜,舞蹈如前。(燕)

这样的用例虽然与前边的在形式上无甚大的区别,并且都是表示动作的情状的,但这里的补语却不是用比喻的方式,而只是实在的叙述或说明,如"如期"就是"按期",而"如前"则义为"同前"。

第九章　句　　子

第一节　处　置　式

处置式是汉语中极富特色的一种句子形式，近代汉语中比较常见，但本书中用例却并不太多。

本章中，我们将用到下列符号：O：宾语（包括介词和动词宾语），V：述语动词，A：状语，C：补语。

我们所讨论的处置式主要有以下几种形式。

一、“将”字式

这是本书处置式中用例较多的一类，共有 19 例，以下我们从句子的结构类型和语义类型两方面来进行分析。

1. “将”字式的结构类型

本书“将”字式的结构类型共有 9 种，以下各举一例说明。

① 将—O—V，共 2 例：

(1) 一乞委逐州各招忠勇敢战人，择官统率，互相应援，将旧朝人有勇武者激劝，编入行伍，使为前锋。（茅）

② 将—O—A—V，共 2 例：

(2) 自此每盏并系汉儿宰相及左右亲近郎君跪进，又将国主自食者饮食分赐。（燕）

③ 将—O—V—C，共 2 例：

(3) 然当时已将上京掠到大辽乐工列于屋外，奏曲荐觞。（茅）

④ 将—O—A—V—C，仅 1 例：

(4) 前来累有文书去，将职官富民早发过来，便是交割。

(茅)

⑤ 将 O_1-V-O_2,这类最多,共有 8 例:

(5)盖缘三镇军民未肯交割,故欲将逐年租赋奉贵朝,其利均一,止是爱省事。(山)

⑥ 将 $O_1-A-V-O_2$,仅 1 例:

(6) 将契丹自来特留放牧牛马闲田,分授与常胜军。(茅)

⑦ 将 $-O_1-A-V_1-O_2-V_2$,仅 1 例:

(7)九月,尚书省经抚房札子王戬当笔,将枢密院应于边路军事尽隶所置经抚房施行,枢密院不得预。(茅)

⑧ 将 $-O_1-V_1-V_2-O_2$,仅 1 例:

(8) 郎君门意思不肯将平州画断作燕京地分,此高庆裔所见如此,须着个方便。(燕)

⑨ 将 $O_1-V_1-O_2-V_2-C-O_3$,仅 1 例:

(9)却留我使人,一住半年,滞了军期,更不遣回使,只将空书,令军人送过海来,已是断绝之意。(燕)

2. "将"字式的语义类型

① 广义处置式

即处置意味较弱,只是涉及两个受事成分的形式,共有 12 例,所用的动词都属于一个语义范畴,即都有"给予"义。例如:

(10) 今日既将燕京许与南朝,便如我自取得,亦与南朝。(燕)

(11) 今燕京已了,若将西京一同割还,乃是契义。(茅)

此类中有 5 例所用的动词是"与"。

② 狭义处置式

即有较强的处置意味的处置式,共有 4 例,除前举的例(1)和例(8)外,另两例是:

(12) 已得圣旨,便将西京画断,别作一项。(燕)

(13) ……将其家小移近以南州军,厚加给恤。(茅)

③ 致使义处置式

这类句子中"将"表示的是大致与"使"相同的意思,因此整个句

子与"使"字兼语式基本相同。共有3例,除已见于前的例(3)(7)外,另一例是:

(14) 今贵朝已将平、滦、营三州更不在议,又要起燕京职官富户民工匠,而本朝又岁添十万匹两,亦非少也。(茅)

二、"把"字式

本书中"把"字式的用例较少,只有5例。

1. "把"字式的结构类型

5例"把"字句共有以下两种结构形式。

① 把—O—A—V,共有4例:

(1) 我皇帝从上京到了,必不与契丹讲和,昨来再过上京,把契丹墓坟、宫室、庙像一齐烧了。(燕)

② 把—O—V—C,仅1例:

(2) 莫且自家门如今且把这事放著一边,厮杀则个。(燕)

2. "把"字式的语义类型

本书"把"字式可以分为狭义、广义和致使义三种。

① 狭义处置式

共2例,均见上。

② 广义处置式

共2例,即:

(3) 何似把人民一齐许了,做个人情也是完备。(燕)

(4) 看来贵朝听狂悖之言,却把本朝作破坏契丹看待,但恐后来自被祸患不小耳。(茅)

③ 致使义处置式

仅1例,即:

(5) 两朝所系利害甚重,况两日只是理会誓书一事,若今且把复盟了当,些小人口,足可商量。(燕)

按,此例稍显特殊:句中的述语是由形容词"了当"充当的。"了当"在本书中共出现5例,都是形容词性的,如:

(6)朝廷已责谭稹,再委童太师,此望相照,早得交割了当,

使两界生灵安堵。(茅)

“且把复盟了当”意即“且使复盟了当”。

三、“以”字式

这是早在古代汉语中就已经产生并且较多使用的处置式,在本书中也是最多见的处置式形式,共有24例。

1. “以”字式的结构类型

① 以$-O_1-V-O_2$,这是最多见的形式,共有13例:

(1) 马扩归,到太原府宣抚司,以往来所历事节答语录目呈贯。(茅)

(2) 本朝若顾惜,又岂肯以三镇租赋奉贵朝也。(山)

② 以$-O_1-A-V-O_2$,共3例:

(3) 今宣司已退沮,又岂可以我之腹心尽露与外夷?(茅)

(4) 若女真果以山前山后故地故民尽还本朝,将用我故民守我故地。(茅)

③ 以$-O-V_1-V_2$,共2例:

(5) 于是差使副以攻破上京俘获盐铁使苏寿吉来献,其意以为既以燕地割隶中朝,以寿吉本燕人,故献之。(燕)

(6) 良嗣等以其意附递奏闻,复于递中附下御前降下改定誓书并誓草进。(燕)

④ 以$-V$,这是“以”的宾语省略的形式,仅1例:

(7) 李处能、王硕儒、韩昉越境南来,张轸带了本朝银牌,走过南界,须先以见还。(燕)

⑤ 以$-V-O$,此类与上一类基本相同,只是多了一个宾语,也只1例:

(8) 次日有殿前指挥使姚璠、枢密承旨萧夔、都管乙信来伴食,因请所持书榜,云:“两府官欲借看。”仆云:“宣抚司令见九大王亲纳,不敢先以示人。”(茅)

⑥ 以$-O_1-V_1-O_2-V_2$,仅1例:

(9) 止以事目一纸付良嗣回,约女真兵自平州松林趋古北

口，南朝兵自雄州趋白沟夹攻，不可违约，不如约则难依已许之约。（燕）

⑦ 以$-O_1-A-V_1-O_2-V_2-O_3$，仅1例：

（10）仍以质留刘亮等六人及因风吹逐刀渔船於立等兵级二十人，并交付良嗣还朝。（燕）

2. “以”字式的语义类型

所有的“以”字式都属于广义的处置式，其所用的述语动词，分属于两个语义范畴，一是表示“给与”义，二是表示“告语”义。

① 给与义“以”字式

这一类最多，共17例，所用的述语动词有“付、献、交付、与、还、示、露、呈、奉、授、割隶”等，除上举用例外，再如：

（11）某等面奉本朝皇帝圣训，令某等再三启白国相元帅，今欲以三镇逐年所收租赋悉奉贵朝，愿休兵讲好。（山）

（12）某等遂止以大金表授之。（绍）

② 告语类“以”字式

共7例，所用的述语动词有“白、告、语”等，例如：

（13）是时某父亦同行，遂以与良嗣辩论事白父，谓某曰……（茅）

（14）二十八日夜，至常州，见张俊，亦以虏中大意告之。（绍）

四、“与”字式

仅有3例，即：

（1）吾窃虑常胜军将来为患，欲与削了，如何？（茅）

（2）况交结女真，恢复燕山事，乃是大王经手，今有此窟窿，却需大王与补了。（茅）

（3）随行官吏多欲回，虞候云：“须要在江上看兵势，盖上遣我来，当进不当退。”有进言者云：“事败至此，舍人与一担担，何也？”虞候不听。（采）

按，对此例，我们的理解是：事情败坏到这个样子，您却把它全都承担下来了,这是为什么呢?

以上 3 例有一个最明显的共同特点,这就是句中述语“与”的宾语省略。就语义类型而言,前一例属狭义处置,后二例则为广义处置。

第二节　被　动　式

本书中的被动式用例不多,形式也比较单调,都是沿用古代汉语中的被动形式,主要有以下两种。

一、“被”字句

共有 7 例,计有以下三种形式:

1. 被—V

(1) 有东南路怨军将领董小丑因差讨平利州贼,坐逗留不进,贼平被诛。(燕)

(2) 后闻得朝廷差叶三省,未到间,望之适到堂,遂被差委。(靖)

(3) 庆曰:“不知几时被谪?”(山)

(4) 骨肉昨因契丹征辽东时皆被害,近方得一小女子。(山)

以上是“被”字句最简单的形式,既无施事者,又是由光杆子动词充当述语,这是古代形式的沿用,在本书“被”字句用例中占了大半。

2. 被—N_1—V—N_2

(5) 南朝遣王侍郎一行奉使来到磁州,被百姓唤作贼臣,已撕擗了也。(山)

(6) 若一面讲和,又令人来掩不备,如此终恐误事,只恐你江南终被将臣误事,如前回,大兵到汴京,姚平仲劫寨事可见。(绍)

此类用例在前一类的基础上增加了施事者和宾语,两例中的宾语分别是结果宾语和受事宾语,宾语与全句主语(省略或不省略的)

的关系一是同位，一是领属。

3. 被—N—V—C

(7) 契丹煞大国土，被我杀败。(燕)

二、"为"字句

这一类被动句用例稍多，共17例，有以下几种结构形式。

1. 为—N—所—V

(1) 龙图燕人，不为女真所畏，若不能免，某请为留，宜安方寸。(茅)

(2) 兀室遣娄宿孛堇以马五百匹追至武州界，天祚欲趋武州，南投大朝，为随行僧所劝。(茅)

(3) 扩观粘罕自擒天祚之后，为刘彦宗、余睹、萧庆辈所枢，然意尚犹豫。(茅)

(4) 后李成为刘齐所用，遂来侵扰，是时方遣韩肖胄等奉使大国。(绍)

此类用例中的V无一例外的都是单音节动词。

2. 为—N—V

(5) 昨日必是立旗招安，为贵朝军马袭取，万一宣司申取朝廷，降一讨荡指挥，少俟西军毕集，恐非燕民之福。(茅)

按，此例中的两个"取"都是动态助词。

(6) 皆某预知此贼深怀张觉之憾，为契丹亡国之臣激发，必生不测之变。(茅)

(7) 某深欲径趋军前，而江北官吏四散，道路阻绝，亦未知军马是何头项，又恐为他盗窥伺。(绍)

以上3例中，只有例(5)动词后带动态助词，另外2例动词都是不带任何附加成分的光杆动词。

3. 为—N—V—C

(8) 况汝兵近为燕人击败，若旬日未下，岂不仰我力耶？(燕)

(9) 然不忍见大王失此，名节扫地，为众人唾骂杀去也。

（茅）

以上 2 例中的 C 都是结果补语。

4. 为一所一V

（10）今已授常胜军田，见患侵夺民土，又天荒旷土，皆为所占，无复措画。（茅）

第三节 判 断 句

判断句是本书中常用的句子形式之一，用例相当常见。本节中，我们对判断句的主要形式择要进行讨论。

一、“是”字句

用“是”做判断词的判断句最多，共有 193 例。以下，我们对“是”字句的结构及其表义等做一些分析。

1. “是”字句的主语

① 无主语

这种类型的用例最多，共 94 例，造成主语省略的原因之一的是承前省略。例如：

（1）閤门官引趋帐西浮幕下少立，一衣紫系犀带者，认是汉儿宰相左企弓，国主前跪拜敬酒，做学士上寿仪。（燕）

按，此例中“认是汉儿宰相左企弓”意为“认出他是汉儿宰相左企弓”，这里的主语“他”指的是前边的“一衣紫系犀带者”。

（2）近闻都统刘延庆一夜走了，是甚模样？（茅）

（3）某等认得三人被伤，是韩世忠军下董旼下使臣虞候，内一人不识。（绍）

主语省略的另一个重要原因是“是”字句作为复句中的一个分句时，主语的省略，这样的用例最多。例如：

（4）本朝与贵国通好五六年，自贵国兵马未到上京时，已有要约，今来却恁地翻变说话，是甚义理？（燕）

按，从意思上来说，“是”字句前的一个或几个分句是它的主语，但是由形式上看，却不能这样分析，而只能把它看成无主句。在这样的无主句前，都可以补出一个主语“此”来。

(5) 今贵朝灭尽契丹，又得南朝金币，得早休兵，各享太平，真是上策，岂可容易更言战斗事也？（茅）

(7) 今若许了七八分，若不足，又是失信。（靖）

(8) 某等恭传得本朝皇帝志诚之意，远来议和，须得国相元帅端的言语归去，便是使人不失职。（山）

(9) 万一和议之后，依前生事，定又是败盟约。（绍）

以下一例中，“是”字句的主语实际上是一个兼语，这虽然不能说是无主语，但与完全的主语毕竟不同：

(10) 今年本朝廷试进士，出赋题是“天下不可以马上治”。（绍）

另外，还有少量因对话而省略主语的用例，如：

(11) 不要放箭，是来讲和。（绍）

(12) 闻鼓声振野，问道旁人，云：“是虏主临江，昨刑白黑马各一祭天，取今日过江。”（采）

② 名词性主语

这一类用例也有不少，共 59 例，包括单个的名词以及名词性的词组。例如：

(13) 为感南朝皇帝好意，及燕京本是汉地，特许燕云与南朝，候三四日便引兵去。（燕）

(14) 山前山后，乃是我家旧地，更说做甚？（茅）

(15) 少保虽是力屈而降，上皇恩德亦何可忘得？（靖）

(16) 衣服官制之类，皆是宇文相公共蔡太学并本朝十数人相与评议。（绍）

③ 代词主语

共 18 例，所用的代词有人称代词和指示代词等。例如：

(17) 此是契丹男媳妇，且教与自家劝酒，要见自家两国欢好。（燕）

(18) 此是奉使合得之物，不可坏却常例。（绍）

(19) 你是甚人？(绍)

(20) 某等皆是皇帝亲选差来，只是真实，所以恳告。(绍)

④ 动词性主语

共 21 例，都是动词性词组。例如：

(21) 前遣元帅就近代州议事，便是此意。(燕)

(22) 何似把人民一齐许了，做个人情也是完备。(燕)

(23) 且杀了一个南人，即是与契丹报仇；杀了一个女真，亦是与契丹报仇。(茅)

(24) 用兵与讲和自是两事，虽指挥勾回，然将在军，君命有所不受。(绍)

⑤ 形容词性主语

仅 1 例，即：

(25) 忠孝是臣子合做底事。(绍)

2. “是”字句的宾语

就性质而言，“是”字句的宾语主要有以下几种。

① 名词性宾语

这一类宾语的用例最多，共 107 例，其中以名词性词组居多，单纯的名词宾语较少。例如：

(26) 自家、南朝是天地齐生底国主皇帝，有道有德，将来只恁地好相待通好，更不争要做兄弟。(燕)

(27) 今药师之众，止是三万余人，多是马军武勇。(茅)

(28) 侍郎是谁门下人？(绍)

(29) 皇帝虽亲闻此语，是时皇帝止是亲王，事不在己。(绍)

② 动词性宾语

这类宾语也为数众多，共 81 例，下面又包含比较复杂的小类，计有以下六种。

A. 动词宾语

即由单个的动词构成的宾语，共 10 例，如：

(30) 前次遣曷鲁、大迪乌议割还燕地，贵朝不遣聘使，乃是

断绝，今来难举海上之约。（茅）

（31）今若轻信群下之言，则两朝和好大事，何时是了？（茅）

按，此例中"了"是动词，义为"完了""了结"。

（32）前来累有文书去，将职官富民早发过来，便是交割。（茅）

B. 主谓词组宾语

这类宾语最多，共35例，如：

（33）不是本朝要断绝，自是贵朝惜物。（燕）

（34）此中亦遣使人，须当道破，只得一年之数，赏此军人，便是礼数了也。（茅）

按，此例中的"了"仍然是动词。

（35）耕牛尽在城外民间，城中所有，多是宗室国戚人家养三两头牵驾座车子。（靖）

（36）这赋题是本朝张炳文侍郎出。（绍）

C. 述宾词组宾语

共16例，如：

（37）乌歇高庆裔行次，多是理会旧例，计较礼数，如乞就都亭驿安下，上殿赐宴，差馆伴使副之类。（燕）

按，此例比较复杂，"是"的宾语是两个并列的述宾词组，而后边又接了一个解释性的"如……之类"。

（38）你家地土却须割取些来方可，是省过也。（茅）

（39）某去年云中回，便以此事覆大王，劝大王三路摘十万兵，分统以压助常胜军，乃是预知此意。（茅）

（40）某等是十二日离扬州，以日月考之可见。（绍）

D. 状中词组宾语

共10例，如：

（41）此已是委曲相就，若更分平、滦，岂有是理？（燕）

（42）累年计议事一切了绝，信誓已定，共享太平，乃是永远莫定。（燕）

(43) 仆心知是为机幕所夺，恐惧欲遁，乃答云……(茅)

E. 连谓词组宾语

共 8 例，如：

(44) 人家有钱本，多是停塌解质舟船往为兴贩，岂肯闲著钱买金在家顿放？(靖)

(45) 必欲如此数目，是无意讲和。(靖)

(46) 某等皆是皇帝亲选差来，只是真实，所以恳告。(绍)

F. 动补词组宾语

仅 2 例，即：

(47) 我若与你，又是和西京人民存住不得。(茅)

(48) 上件斡离不语，俱是译出。(靖)

③ 形容词性宾语

这样的用例很少，只有 4 例：

(49) 况自来与契丹五十万银绢，皇帝圣意甚厚，欲成交好，尽数许了，已是煞多。(燕)

(50) 何似把人民一齐许了，做个人情也是完备。(燕)

(51) 太师更熟虑，即是长远。(靖)

(52) 一似人家盖一房子，使椽柱瓦木盖得是好，却须是住房子底人做主。(靖)

④ 代词宾语

这样的用例最少，仅 1 例：

(53) 赵皇大度，我要岁添一百万贯物色，一字不违，千年万岁却是多少？(茅)

按，此例中的代词宾语是询问数量的疑问代词“多少”。

3. 判断词“是”

本书中的判断词“是”在句子中大都不作为孤零零的动词出现，也就是说，它的前边通常要带有各种修饰语，而其中最多见的修饰语，就是各类副词，在 193 个用例中，带各种副词修饰语的有 103 例，其中比较多见的如“乃是”(12 例)、“便是”(12 例)、“多是”(8 例)，其他我们见到的尚有：

不是(3例)、非是(3例)、真是(1例)、皆是(6例)、盖是(1例)、正是(3例)、自是(5例)、也是(1例)、即是(4例)、并是(1例)、煞是(4例)、亦是(4例)、都是(3例)、本是(4例)、显是(1例)、已是(7例)、尽是(3例)、全是(1例)、俱是(1例)、必是(1例)、只是(6例)、止是(4例)、果是(1例)、唯是(1例)、原是(1例)、则是(1例)。

本书中"是"字运用的另一个特点是超出了表示判断的范围,虚化为词缀,而且这样的词缀本身还有些许实义,有时又与表示判断的"是"纠缠不清。

本书中可以基本确定为词缀的"是"有62个,附于很多副词以及个别连词之后,具体分布情况如下:

只是(15例)、止是(9例)、须是(7例)、不是(1例)、却是(3例)、已是(1例)、亦是(1例)、惟是(1例)、唯是(1例)、不过是(1例)、甚是(1例)、极是(1例)、直是(1例)、煞是(2例)、定是(1例)、若是(4例)、虽是(1例)、既是(11例)。

以下我们略举几例:

(54)贵国兵马去西京甚好,自今日议约既定,只是不可与契丹议讲和。(燕)

(55)西京州城已蒙见许,既是与了地土,岂有不与人户之理?(燕)

(56)今燕京诸处皆无军马,止是四军大王有部曲二百余骑,曾历战阵。(茅)

(57)若是讲和,却存旧好,所有金帛,朝廷须是犒劳。(靖)

(58)既是贵朝皇帝不肯交割三镇土地人民,尚何事之可和?(山)

(59)你们却是先来称讲和,暗地同来算害我!(绍)

(60)相别后煞是思念,冬寒,保重。(绍)

关于这一类用例,有一些我们在前边讨论副词和连词时已经涉及,可以参看。

前边提到,做判断词的"是"与做词缀的"是"有时纠缠不清,通过前边列举的"是"前的副词分布与词缀"是"的分布,大致就可以看出这一点来，因为二者之中有不少是同形的，如“只是”、“止是”、“煞是”等。

同形的用例中，有的较易区分，如以下的“煞是”的用例：

(61) 我如今煞是大皇帝。(燕)

按，此例中“煞是”后是名词性词组，因此“是”只能是判断词，而“煞”则是“是”的修饰语，表示确认程度之高。而例(60)中，“煞是”后是动词，虽说本书中动词也多有用作判断句中宾语的用例，但是此例显然不是，因为它与主语不能构成判断关系，那么，这里的“煞是”也就只能看做副词，而“是”毫无疑问就成了副词的词缀。

我们对本书中每一个“是”字性质的确认，都是通过这样的分析来进行的。

有一些同形的用例不很好区分，关于这一点，我们在下边会涉及。

几乎所有的词缀“是”都有一个共同的附加含义，就是表示已然或对已然的确认，这一点，仅通过上举用例就可以看出。

4. “是”字句的表意

绝大多数的“是”字句都是表示判断的，在 193 个“是”字句中，这样的例子有 183 个。此外，另有 10 例是表示确认或强调的。表示判断的例子，前边已经列举了不少，这里我们再举几个表示确认或强调的用例。

(62) 延庆果是退败，便做官大，亦行军法。(茅)

(63) 渊圣皇帝庚辰是三十五岁。(绍)

(64) 万一和议之后，依前生事，定又是败盟约。(绍)

此外，前边例(52)中“盖得是好”也是一个典型的表示确认以至于强调的例子。

这样的不表示判断的“是”有时与作为词缀的“是”(见上)不太好区分，如例(62)的“果是”，例(64)的“又是”就是这样。再比如“已是”，既有用于判断句中的，也有用为修饰语的。例如：

(65) 到军前已是半月，江南日夕望信，臣子之心，实不遑安。(绍)

按，如果虚一些理解，“已是”就是“已经”，则“是”就是词缀了，如果实一点来看，这个“是”也未尝不可以看做判断用法的延伸，即表示确认或强调。这里，我们大致是按后者来理解的。

至于以下一例，“已是”明显是做动词修饰语的：

(66) 已是将西京地土与了贵朝，本国只要人户，有何不可？(燕)

二、“系”字句

“系”字句就是用“系”字做判断词的判断句，这样的句子本书中不多，只有 18 例。

1. “系”字句的主语

① 无主语

共 4 例，如：

(1) 自来国书，止是司分人修写，拘于体例，自无惹笔，今系主上亲御翰墨，是尊崇大国之意。(燕)

(2) 贵朝所需，本朝一一从了，却有山后西京地土人民，并系旧汉地。(茅)

② 名词性主语

这类用例最多，共 12 例，如：

(3) 紫袍人系燕人吴孝民，白袍人系金人。(靖)

③ 代词主语

共 2 例，即：

(4) 兼你系摘留使人，自合赴阙。(茅)

(5) 此系两朝大事，未商定间，恐人传播，别致异议，则难成事。(茅)

2. “系”字句的宾语

① 名词性宾语

共 11 例，如：

(6) 上云：“闻马扩颇知书。”良嗣曰：“马扩系武举。”仆奏：“臣系秦嘉玉榜尘忝，久被陛下教育。”(茅)

(7) 兼贵朝收了燕山逃去职官,誓书所载,各不得收纳叛亡,贵朝已先失约,山后地土虽系所许,难以便行交割。(茅)

(8) 复取出文字三封,一封系知易州何灌牒大金统领内备宣抚司札子,令报知大金国,称已收下涿、易,不得侵越生事。(燕)

② 动词性宾语

共 5 例,其中有主谓词组(3 例)、兼语词组(1 例)和状中词组(1 例)。例如:

(9) 一封系赵诩上太傅相公,内言女真恣为杀戮,枉害良民,谕令归汉,不可受辱于女真也。(燕)

(10) 誓书并系昨来将去誓草改定,即无增减,所有合要户口,宣抚司见行根捉,才获时即发遣过来。(燕)

按,此例中"昨来将去誓草改定"是一个主语是受事主语的主谓词组。

(11) 邺系上皇未禅位前遣去。(靖)

(12) 仍将出所受到御前金字牌文字一纸,系令韩世忠将带军马回,来镇江府江口把隘,以示。(绍)

③ 形容词性宾语

仅 1 例,即:

(13) 所要系官钱物,曾思量来,也系不是,便待除去。(燕)

按,此例中"不是"义同"不对",是形容词性的,相同意思的用例再如:

(14) 使人说得是与不是、实与不实,如何瞒得国相元帅?(山)

就表义来说,本书中所有的"系"字判断句都是表示判断的。

此外,本书中还有 3 例判断词用"系是"的判断句,这实际上是把"是"字句和"系"字句捏和到一起了,具体地说,就是把两个判断词放在了一起,形成了"同义连文"的形式。因为这样的用例少,我们就不单独列讨论，而是附在这里一并列出。

三个用“系是”的例子是：

(15) 兼沙漠之间，系是鞑靼蒯古子地分，此两国君长并已降拜了本国，待走那里去？（燕）

(16) 宁术割系是北朝皇帝最亲任听干的近上的大臣，权最重。（燕）

(17) 郭药师、董庞儿系是契丹时投降过来，即干贵朝甚事？（燕）

本书中的判断句除了上述两类外，还有在古代汉语中就比较常见的无标志性判断句以及“为”字判断句等，但是用例都不太多，比如前者，在本书后四篇（《靖》《山》《绍》和《采》）中共16例，而“为”字句全书中共有17例。无标志判断句与古代的形式完全相同，而“为”字句的形式种类及表意类型，也与前边讨论过的“是”字句和“系”字句基本相同。因此，对这样的“古句”这里不拟详谈，只略举数例于下。

(18) 国相曰：“使副们何处人氏，在乡时以何为生？”若水曰：“某乃洺州人。”履曰：“某乃汴都人。”（山）

(19) 今虏之所欲，吾淮南川陕之土地耳。（绍）

(20) 侍郎儒士，团练名家，似恁地忠孝，必有美事。（绍）

以下是“为”字句的用例：

(21) 伏闻番汉之人，实为异类，羊狼之伴，不可同居。（燕）

(22) 君为使人，何得与刘宗吉结约？（茅）

(23) 仆时随宣司在河间，窃闻延庆与幕府议，持重不可进兵，使女真兵马先入居庸关，收下燕京，然后多以岁币赎之，此为万全。（茅）

(24) 燕京为未了，且言临时商量。（茅）

(25) 江南第一不是处，为不合思量要复故地，如襄、汉州县，皆是大齐已有之地，何故却令岳飞侵夺？（绍）

第四节 疑 问 句

疑问句是汉语中十分常见的一个句子类型，在本书中也十分多见，共有347句。

本书中的疑问句有以下几个特点。

1. 用例多。前边提到，本书中的各种疑问句共有347句，在只有五万字的篇幅中，这个数量不可谓不多，而如果同处置式，被动式等的数量进行对比的话，这一点就更加突出了。疑问句多，与本书的特点直接相关：本书以记言为主，而所记又多是折难问答之语，这样，疑问句多就毫不值得奇怪了。

2. 古代形式多。这一点，在反问句中表现得最为明显，本书中沿用古代汉语反问词语的用例共有142个，在全部178个反问句中约占79.7%，这个比例应该说是相当高的。反问句是这样，其他几种问句大致也是如此，虽然"古句"所占比例没有这样大，但是真正产生于中古以后的问句形式却肯定不占多数。

3. 问句"记号"较多。这里所说的"记号"，是指本书问句中较多使用的"不知"，它用于各种问句中，并无实际的意义，因而有之也行，无之亦可，这样，它实际上就只成了问句的一个记号。我们可以比较以下两例：

(1) 庆曰："王侍郎等几时到来?"(山)

(2) 国相曰："不知王侍郎等几时可以到此?"(山)

问句记号"不知"的使用频率因问句性质的不同而不同：反问句因为是无疑而问，所以没有"不知"的用例；是非问句中也很少，只有1例；其他几类问句中相对较多，其中正反问句最多，共7例(其中一例用"未知")占用例总数的30.4%强；选择问句中有2例，占总数的20%；特指问句中有11例(其中一例"未知")，约占总数的10%。

以下，我们分五类来讨论本书的疑问句。

一、是非问句

本书中的是非问句共有27例，主要有以下几种形式。

1. 前有语气副词者

这类句子，疑问的意味主要由句中的语气副词表示，所用的语气副词有“莫”、“莫须”和“莫是”（各1例），即：

(1) 且如远者，尽是契丹奴婢，且道不知姓名，道寻不见。如知名人郭药师、董庞儿两个，莫道不见？只将此二人来折当。（燕）

(2) 设若本朝委曲从之，莫须折当？（燕）

(3) 又问：“闻曾作相，莫是闻得大军来后，怕这里军前去取，所以教他去？”（绍）

上例中的“莫须”与“莫”都是语气副词，表示一种倾向于肯定的推测，与现在的“或许”、“大概”、“恐怕”大致相当，详见上篇第四章语气副词一节。

2. 后用疑问语气词者

共有6例，句中疑问的意味主要是由句末的疑问语气词来表示的，所用的语气词是“么”（3例）、“耶”（2例）和“乎”（1例）。例如：

(4) 我今差人入城招诱契丹，令投降，你敢相随前去招谕汉儿么？（茅）

(5) 南朝遣宣赞来作死间耶？不谓南朝弃士大夫之命如草芥也。（茅）

(6) 射得煞好，南朝射者尽若是乎？（茅）

上例中的“么”等疑问语气词与现在的“吗”完全相同。

3. 前有语气副词，后有疑问语气词者

共有9例，例如：

(7) 粘罕云：“西京地土亦是不少，已与地土，又要人民，更道本国贪财，莫不相应么？”（燕）

(8) 我这里军马，你们想亦见，莫只是来窥探虚实否？（绍）

按，“否”本是否定副词，早在古代汉语中就开始用于句末，构成正反问句，后来这种形式一直很常见。因为这种正反问句所表达的意思与一般的是非问句并无不同，所以句中的“否”也就易与一般的疑问语气词混同，进而变为疑问语气词，这样的变化的标志就是“否”出现在有疑问语气副词的句子中，这样的例子在唐代就比较多见了。所以，以上由“莫……否”构成的是是非问句，意同现代的“大概……吧”。

除以上的形式外，还有其他的用例：

(9) 上云：“岂非二太子先去了也？”连云：“是是。”(靖)

按，在一般的用例中，“岂非”义同“难道不是”，用于反问句中，但是此例中的“岂非”有所不同。因为从上下文看，此句并非反问句，所以“岂非”也就不是反问义的了。这里的“岂非”义同“莫非”，因而句子是一般的是非问句。这一点，我们可以从作者的解释中得到证明。作者在此句的后边解释道：“望之初不测圣意，后来闻得术人楚天觉曾奏云：‘胡分野大将星已逝。’又曾对李纲云：‘可惜走了。’”这里说的是宋钦宗迷信术士的话，术士说胡地分野的大将星已经逝去了，所以他也就相信“二太子”(即率兵围困京城的金国“皇子郎君”)已经离去了，因而才这样问，大致意为“莫非二太子离去了？”

4. 以“如何”发问者

共 6 例，主要是表示征询的，例如：

(10) 待你败时，多与银绢；我败时，都不要一两一匹，不知如何？(燕)

(11) 闻南使会开弓，来日随我射一物如何？(茅)

(12) 胡离席曰：“启枢密，莫宜就此大家商量如何？”(绍)

以上句中的“如何”大致同于现在的“可不可以”、“行不行”等。以下一例则又有不同：

(13) 我闻南朝人止会文章，不会武艺，果如何？(茅)

很显然，此例中的“如何”是就前边表述的正确与否发问的，相当于今之“是不是”等。

5. 陈述式疑问句

这是指用陈述形式来表示疑问语气的句子，共 3 例，如：

(14) 礼讫，复曰："使副们来时贵朝皇帝圣躬万福？"若水曰："某等来时本朝皇帝圣躬万福。"(山)

按，此句问答形式相同，正可说明问题。

(15) 令译者问曰："皇帝安乐？"某等对云："圣躬万福。"(绍)

这样的形式应该说是由上下文决定的，如后一例上有"问曰"，所以下边肯定是问句，前一例则由后边的答话知道前一句是问话。如果没有这样的语言环境，大概就只能按一般的陈述句来分析了。

二、特指问句

本书中特指问句的用例很多，共有109例，询问的内容也相当丰富。以下，我们按询问内容的不同分别来谈。

1. 问人

共8例，所用的词语是"谁"(6例)和"甚人"(2例)。例如：

(1) 近晚阿骨打召辞云："二使人谁留？"(茅)

(2) 独一骑前来问当："你是甚人？"(绍)

(3) (万户)问某等云："此是甚人？"(绍)

2. 问处所

共19例，用"甚"(10例)、"那里"(3例)、"何处"(4例)和"安在"(2例)提问。例如：

(4) 遂问："皇帝在甚处？"……又问："临安府是甚处？"(绍)

(5) 国相曰："使副们行甚路来？"(山)

按，"甚"只用在"甚处"(8例)和"甚路"(2例)中。

(6) 恰似人家养个义儿，却赌钱吃酒，待赶了，又赶去那里？且只得恁地。(绍)

"何处"在句中可做宾语(3例)和定语(1例)，例如：

(7) 且如契丹昏主，七八年前煞有轻易贵国之意，如今契丹之强却在何处？(燕)

(8) 使副们何处人氏？在乡里时以何为生？(山)

3. 问原因

共22例，分别使用“甚”（5例）和“何”（17例），作为问词，具体又有不同的形式。

用“甚”的有“因甚（3例）”和“为甚”（2例），如：

(9) 且如夹攻，本国兵马从今年正月已到中京，因甚不便来夹攻？（燕）

(10) 既是虏主今日过江，因甚却只在这里？（采）

(11) 既来讲和，却为甚教韩世忠来掩不备？（绍）

(12) 既是淮南不曾屯驻军马，却为甚大军到来，韩世忠却在扬州？（绍）

用“何”的句子，有“缘何（事）”（3例）、“何故”（6例）、“何为”（1例）、“何也（邪）”（6例），此外还有“如何”（1例）。例如：

(13) 契丹时燕京不属南朝，犹自与五十万，如今与了燕京，如何只三十万？（燕）

(14) “使副们此者缘何事来？”若水曰：“某等此者亦为和议来。”（山）

(15) 夜来收得贵朝流星马文字，却是与龙图宣赞者，何故便改燕京作燕山府？（茅）

4. 问时间

共8例，分别使用“几”（6例）、“甚”（1例）与“何”（1例）发问。例如：

(16) 庆曰：“（赵良嗣）不知几时被谪？”（山）

上例中的“几时”是“什么时候”之意，而以下的“几日”则意为“哪一日”：

(17) 不知是几日离军前？（绍）

(18) 侍郎、团练是几日过天长？（绍）

“几年”则与今义相同：

(19) 凡有辟用人材，当一一依从，如此几年可以成就？（茅）

“甚日”义为“什么日子”，亦即“哪一天”：

(20) 不知山后土地取甚日交割？（茅）

“何时”与今义同：

(21) 侍郎、团练却回也,如聿兴等,何时离得涂炭?(绍)

5. 问数量

共 17 例,分别使用“多少”(10 例)、“几”(5 例)、“几何”(2 例)发问,例如:

(22) 一件通课程约六百万贯,却待以多少银绢代之?(燕)

(23) 若是讲和,却存旧好,所有金军,朝廷须是犒劳。不知有多少军?(靖)

“几”都做定语,例如:

(24) 粘罕问:“有几事?”(燕)

“几何”一做定语,一做谓语(独立成句):

(25) 如公镇守云中,用几何军马?(茅)

(26) 良臣曰:“几何?”孙举五指于胸前。(绍)

6. 问方式

仅 2 例,都用“如何”:

(27) 兼前番临时曾言夏税秋赋,如碎杂豆油之类,如何般(搬)运?(燕)

(28) 仆曰:“朝廷欲如何为守?”(茅)

7. 问其他

共 33 例,凡上述六类不包括的,都归于此类。这类句子用到的词语有“甚”(8 例)、“甚么”(1 例)、“奈何”(4 例)、“如何”(13 例)、“何”(7 例)等。就这类句子所询问的内容来说,包括征询意见,询问具体内容、状貌、做法、情况、表现等,大都是由于疑问词语与不同意义的词语搭配,而产生了上述区别。

以下择要略举几例:

(29) 我与你有甚冤仇,道本国杀害良民如贼一般相待?(燕)

(30) 近闻都统刘延庆一夜走了,是甚模样?(茅)

(31) 似恁统领底人败了军国大事,汝家有甚赏罚?(茅)

(32) 庆曰:“夜来天气大段寒了,未知中原如何?”(山)

三、选择问句

本书中的选择问句很少，仅 9 例，大致可以分为以下两类。

1. 无选择连词者

这类问句把几个选择项并列出来，供人选择，共有 3 例：

(1) 且勿言诸人未尝有至南朝者，借使有之，在立誓后耶，立誓前耶？(燕)

(2) 如目今贵朝事势兵力，自视南朝十分有一否，百分有一否，千万分中有一否？(茅)

(3) (完颜)亮引弓欲射，已而问曰："你是江南人？是自家人？"万户答曰："自家人。"(采)

2. 有选择连词者

我们见到的选择连词主要有"为复"，义同今之"还是"，共 3 例，如：

(4) 所有宁边州至天德、云内一带，是旧汉地，兼有黄河限隔，不知贵朝欲待自守？惟复待与夏国？(燕)

上引例子中的"为复"义同今之"还是"。此外，也有个别其他形式的用例：

(5) 又言："今后通好，不知或为弟兄？或为叔侄？或为知友？"澉谕以敌国往来，只可用知友之礼。(燕)

另有两例使用的是文言形式：

(6) 岂兹事体重大，详虑熟计，询谋佥同而后报耶？抑有邻国容心于其间，密将激怒大国，而不欲终其惠于敝邑？(绍)

(7) 且以淮南盐税论之，岁一千万缗，与岁币孰多？(绍)

按，以上 2 例中，一用选择连词"抑"，一用代词"孰"，都是文言中选择问句的常用形式。

四、正反问句

此书中的正反问句比选择问句略多，共有 24 例，主要有以下几种形式：

1. VP＋NA 式

这里的 VP 代表动词或动词性短语，NA 代表否定副词。这类句子中最多见的是 NA 是“否”的用例，共有 17 例。例如：

(1) 又闻契丹旧酋走入夏国，借得人马，过黄河，夺了西京以西州、军，占了地土不少。不知来时知子细否？（燕）

(2) 令良嗣读讫，却云：“理会得否？”（燕）

(3) 不知大宋皇帝实欢喜否？（燕）

(4) 庆曰：“有国书否？”若水曰：“有书。”（山）

前边谈是非问句的时候，曾说过“莫……否”中的“否”是疑问语气词，而这里的“否”却是否定副词，为什么把一个词分为两个？前边提过，“否”之所以是疑问语气词，是因为它与语气副词“莫”同出现于一句之中，所以只能看做语气词，而这里的“否”的用法与古代汉语或唐以前的用法并无不同，因此我们就不能说它与以前使用的“否”有什么不同。另外，我们也不能因为此时有的“否”成为语气词了，就说所有的“否”都是语气词了。实际上，此书中不乏“古雅”的用例，大致都是对以前用法的沿袭，即以“否”的使用而言，就有以下的例子：

(5) 国相曰：“闻此路险阻，不能通车，果否？”（山）

除了“否”以外，此类问句中的. NA 还有“无”，仅 1 例，句中的 VP 与 NA 之间有插入形式“也”，是一个语气助词。

(6) 那收燕山时杀了底许多人是生灵也无？（山）

我们也发现了一例“未”作 NA 的句子：

(7) 使副们来时黄河冻未？（山）

“未”与“否”和“无”的不同之处在于，“未”是一个含有时间因素的否定副词，表示“尚未实现”，译为今语就是“(还)没有”。

2. VP＋NA＋VP 式

这类用例不多，仅 4 例，但是形式上却并不完全相同，例如：

(8) 聿兴云：“不知皇帝知与不知？”某等云：“皇帝不知。”（绍）

(9) 聿兴云：“沈元用今在耶不在？”某等云：“在。”（绍）

以上两例采取的都是“V 不 V”的形式，但是在“不”的前边插入的词却不一样：例(8)中所插入的“与”是连词，而例(9)中的“耶”则是语气词。

(10) 绘云：“若至镇江，闻有警急，合与不合申明?”孟曰：“岂可不申明?”(绍)

按，此例又有不同，与前两例相比略显复杂，其复杂性主要在于后一个 VP 是一个述宾词组，而前一个 VP 则蒙后省略，只保留了一个助动词“合”，于是就形成了这样的形式。

3. 正反并列式

这样的形式是由一对反义词加上其他的连带成分构成的，此书中仅见 1 例：

(11)(阿骨打)继令译者问：“别有无奏陈言语?”(燕)

按，从理论上说，此句的完整形式是“别有奏陈言语无奏陈言语”，但是，这样的形式实际上是不大可能出现的，于是，就采取了反义动词共用一个宾语的形式。

五、反问句

此书中的反问句最多，共有 178 例，且形式多样。其大别有二，以下分别来看。

1. 有反问词语式

这类用例最多，共有 173 例。本书中的反问句形式复杂多样，而这一点主要是在所使用的反问词语上表现出来的。就所用反问词语产生时间以及来源等的不同，所有的反问句大致可以分为两大类，即古代形式和中古以后产生的形式。两类形式中，第一类在数量上占绝对的优势，共有 142 例，而第二类则只有 31 例。这里，我们主要讨论第二类反问句。

以下，我们按所用反问词语的不同分别来谈。

① 怎

共有 6 例，如：

(1) 韩世忠是皇帝所用之将，却不得皇帝指挥怎敢动?(绍)

② 怎生

用“怎生”表反问的句子较多，共有13例。“怎生”实际上是对某一可能性或必要性等进行委婉否定的反问词，因此绝大多数的用例都取“怎生……得(表可能)”的形式(共9例)。例如：

(2) 这个事是天教做，不恁地后，怎生隔着个恁大海便往来得？(燕)

(3) 靖等来时，只听得特许燕京六州二十四县地与贵朝，今来却和西京、平、滦都要，怎生了得？(燕)

“怎生……得”无一例外表示的都是“怎么能”的意思，这一点，通过以下一例可以看得更清：

(4) 你们所说待信来，又已前数次失信，待不信来，又怎生全不信得？(绍)

按，此例中有“信”“不信”和“怎生不信得”，对比一下，后者的意思十分明显。

“怎生”在与“得”合用时有这样的意思，独用时，仍为此意，例如：

(5) 莫道是与了南朝燕京管下六州二十四县，如我取了燕京，都不与，南朝怎生不依契丹一般与我银绢？(燕)

(6) 既有城下之盟，许割与他三镇，那租赋便是这里底，怎生更上说也？(山)

以上3例中的“怎生”大致仍要理解为“怎么能(会)”。

③ 不成

用“不成”的反问句全书中仅3例，“不成”义同“难道”。

(7) 但许多人马远来，不成只恁空去也？(靖)

④ 那里

“那里”即“哪里”，用于反问的仅见1例，即：

(8) 请太师问归朝官，按月请受尚有拖延不足之时，那里得许多金银？(靖)

⑤ 肯

“肯”是表示反问的疑问副词，义同“难道”，此书中仅见2例，即：

(9) 料皇帝守信，肯违天耶？(燕)

(10) 且仆捐亲爱,入不测之虏,实以国家安危存亡所系,又肯从诸公教语,不对以实,致误军国大事乎?(茅)

⑥ 甚

"甚"用于反问句中的共有5句6例,即:

(11) 郭药师、董庞儿系是契丹时投降过来,即干贵朝甚事?若如此说,即数十年前事,岂可套在誓书中,有甚涯际?(燕)

(12) 许大天犹自不怕,更要誓书则甚?(燕)

(13) 山前山后,乃是我家旧地,更说做甚?(茅)

(14) 军马已起,更商量甚的?(茅)

以上用例按"甚"用法的不同,可以分为三小类。第一小类是例(11),句中"甚"做定语,否定的对象是其所修饰的中心语;第二小类是例(12)(13),用的是"做(则)甚",义略同于今之"干什么",所以这两例可以分别理解为"还要誓书干什么""还说(它)干什么";第三小类是最后一例,"甚的"同于今之"什么","更商量甚的"就是"还商量什么"。

2. 无反问词语式

这种形式的反问句不多,只有5例,它的反问意味是由上下文的规定中得来的。例如:

(15) 一旦至两大国交兵,却几时休得?兼本朝亦岂为此未交割地土愿致兴师?(茅)

按,此例中"却几时休得"即是无反问词语的反问句,后一句则是用"岂"的有反问词语式的反问句。

(16) 贵朝不度德量力,不审天时人事,此何等时而较此闲事耶?(茅)

(17) 此探报传言之误,若是实曾领兵上边,只恁休得?(燕)

(18) 阿骨打云:"若不行军法,后怎生使兵也?待一两日到居庸关,你看我家兵将战斗,有敢走么?"(茅)

以上5例中,前2例属于同一类型,都是用特指问句的形式表示反问句的意思,从字面看,例(15)是问何时可休,实际上是说永无休日，这样理解，才更加切合上下文意。例(16)中“何等”义同“何”，此句表面是问什么时候，实际上还是说不应较此闲事。另外 2 例是另一类型的，它们都不用疑问代词，但所表达的意思与前者是相同的，例(17)是说不能只这样就罢休，而例(18)是说没有敢逃走的。

以上是基本反映中古及近代汉语特点的反问句形式，以下我们再简单地谈一下沿用古代汉语反问词语的反问句。

这一类反问句最多，共有 142 例，所用的反问词最多的是“岂”，其次是“何”，再次是“如何”，再次是“安”，此外还有“尚”、“宁”、“盍”等，这里我们酌举若干比较有代表性的例子。

1. 岂

(19) 今既要金帛，又要割地，而彼无一物与我，岂可谓之买卖？（靖）

(20) 若他家胜，王在城外已半月日，岂预知劫寨事？（靖）

(21) 人家有钱本，多是停塌解质舟船往为兴贩，岂肯闲著钱买金在家顿放？（靖）

(22) 岂有遣人使不测之虏，临行不相见之理？（绍）

2. 何

“何”主要是和其他词共同构成反问词语，例如：

(23) 假如要一两个小县，何不将文字来评会？（燕）

(24) 少保虽是力屈而降，上皇恩德亦何可忘得？（靖）

(25) 说道韩家有几万，岳家有几万，都在淮南，从入界来，何曾见一个？（绍）

(26) 使贵朝坐享地土之利，有何不便？兼课程税赋出在地土，非动贵朝物，何苦吝惜？（茅）

3. 如何

(27) 良嗣又以第二项御笔二十万之数许之。兀室云：“二十万之数，尚不及前项之半，更要西京，如何了得？”（燕）

(28) 纵使虏人见许，必复邀增岁赐，朝廷之力已竭，如何可出？（茅）

(29) 若有仓卒,众必据城坚守,如何容易间便攻打破得?(茅)

(30) 三宝奴云:“南朝得北朝地固不能守,北朝得南朝地岂守不得?古人有守得者。”望之云:“耶律德光到汴京不及一月,如何谓之守得?”(靖)

靖康中帙

宋 徐夢莘 撰

起靖康元年二月十八日甲寅盡二十二日戊午

八日甲寅聶山論伏闕劄子臣聞前日蔡懋李梲諭學長貳令屏去伏闕上書陳東等諸生聞之莫不怨一學多士咸欲拂袖出學今日又聞梲令根治諸生

伏闕百姓欲置於法臣聞之不勝惶駭仰惟陛下慮之資君臨萬方士民以積年不舒之怨憤衆際相聚殺內侍指罵奸黨蓋恃陛下仁聖必能與百姓雪去氣而懲梲之徒恨其罵已而佐李綱驟欲除去根株梲宣言為前日伏闕之士具間李綱故舊欲盡行誅臣恐大夫士心歸怨陛下自此士民思亂恐無已時士民上書不約而從之者數千萬人其言皆平昔公

實宗社萬世之幸也取進止奉聖旨亟令改正士

曰初士庶伏闕上書上為感動詔嘉忠義然朝惟邦彥猶自知咎其餘如梲懋時雍輩不畏公論士庶為敵讎觀其揚言曰彼時非糾率衆庶脅乎又曰若是則政出布衣不在朝廷矣何謂賊愈不戢也使吾君聽是言則伏闕之士誅作亂

忠也且朝廷輔佐得人措天下於安平四方萬姓和悅庶人既無得而謗議士方詠歌之不暇有伏闕者今上皇播遷新君即政敵人加兵畿甸宗社存亡之勢一障隔耳大臣有自私之蔽奸臣國之功羣小濡機而喪師正人擯排而不用朝無一人為吾君言之故士庶伏闕敢忠諫列案求復社稷之臣期於得請乃其時爾安得此言